主 编◎王运华 张鸿巍

副主编◎姚学宁 江 勇

儿童性侵预防
教育读本

中国民主法制出版社

2016年·北京

图书在版编目(CIP)数据

儿童性侵预防教育读本 / 王运华,张鸿巍主编 .
—北京:中国民主法制出版社,2016.4
ISBN 978-7-5162-1147-2

Ⅰ.①儿… Ⅱ.①王… ②张… Ⅲ.①性犯罪—预防
犯罪—儿童教育 Ⅳ.①D924.34

中国版本图书馆 CIP 数据核字(2016)第 067618 号

图书出品人:刘海涛
出 版 统 筹:陈晗雨
责 任 编 辑:唐仲江

书名/ 儿童性侵预防教育读本
作者/ 王运华 张鸿巍 主编

出版·发行/ 中国民主法制出版社
地址/ 北京市丰台区玉林里 7 号(100069)
电话/(010)63292534 63057714(发行部) 63055259(总编室)
传真/(010)63056975 63292520
http://www.npcpub.com
E-mail: flxs2011@163.com
经销/ 新华书店
开本/ 32 开 880 毫米×1230 毫米
印张/ 7.5 **字数/** 180 千字
版本/ 2016 年 5 月第 1 版 2020 年 11 月第 5 次印刷
印刷/ 永清县晔盛亚胶印有限公司

书号/ ISBN 978-7-5162-1147-2
定价/ 35.00 元

序

　　受几千年传统思想的影响,"性"在中国一直是一个充满神秘色彩的话题,与"性"有关的知识常常被忽略,正规的性教育缺位,未成年人性侵害的惩防教育更是盲点。即便提及性侵,更多的只是当成一种道德议题,缺乏科学的认识和法律层面的判断。许多未成年人因此成了无知的受害者,花样年华留下了一片挥之不去的阴霾。

　　道德的教化是循序渐进、春风化雨的,法律的严惩则是立竿见影、强势主动的。多年来,南宁市青秀区人民检察院在办理涉及未成年人性侵案件的过程中,注重教育引导和打击惩治相结合,既发挥道德对人们思想、行为的教育和引导功能,又发挥法律的约束和强制作用,使性侵预防知识成为孩子保护自己的武器,达到标本兼治的目的,并在此基础上紧密联系司法办案和检察机关工作实际,从诸多的案例中找出预防和打击未成年人性侵犯罪具有规律性的问题,并上升到理论高度进行深刻剖析和总结。由南宁市青秀区人民检察院王运华检察长和暨南大学教授张鸿巍博士任主编,将上述内容汇编成《儿童性侵预防教育读本》(以下简称《读本》),本书为填补我国防性侵教材教案空白作出了积极贡献。

　　该《读本》涵盖了未成年人性侵行为的种类、性侵的危害、性侵的罪与罚、性侵的救济等内容,通过案例分析,解读性侵未成年人行为的表现形式,讲解自护知识,深入浅出地阐述未成年人遭受性侵的法律救济途径,教育未成年人了解预防性侵犯的知识,懂得遭遇性侵后如何寻求帮助。同时,探讨未成年人的父母、其他监护人的教育、帮教方法,以及学校、社会的权利和义务问题,从而达成自我防护、家长重视、学校教育关注、社会和司法保护"五位一体"同频共振的社会效果,为未成年人撑起一方晴空。《读本》内容丰富,案例翔实,分析透彻,文字朴实流畅,是一本集知识性、教育性、可读性、实用性和专业性于一体的未成年人防性侵教材,对保障未成年人的身心健康和茁壮成长极具针对性和指导性。

习近平总书记指出:"关心、关爱少年儿童健康成长,这是党和政府义不容辞的责任。对损害少年儿童权益、破坏少年儿童身心健康的言行,要坚决防止和依法打击。"司法保护系保护少年儿童的最为重要的保障手段,让少年儿童得到最大限度的司法关怀与呵护,为保护未成年人权益架起一道不容触碰和逾越的高压线,保障少年儿童在生理、心理发展的过程中免受不法侵害,是所有法律人义不容辞的责任!相信《读本》的出版,必将推进对该问题的深入研究,亦对实务中强化未成年人保护大有裨益!

是为序。

宋英辉

中国刑事诉讼法学研究会副会长

最高人民检察院专家咨询委员会委员

北京师范大学刑事法律科学研究院副院长、教授

狼性与防狼三十六策

——《儿童性侵预防教育读本》导读

不能听命于自己者,就要受命于他人。

——(德)尼采

　　虽然大多数人只是在动物园里远远瞅得一眼,狼及狼的传说却如同幽灵,流传江湖久矣。

　　尽管不乏早期游牧民族由原始崇拜而来的狼图腾,但总的来说中外文化对狼却多是不屑一顾的。比如脍炙人口的《聊斋志异》,其中关于狼的文章实则有三,各自成篇,分别从不同侧面生动地刻画出了狼的贪婪、狡诈及冷酷;当然,亦少不了恶狼虽狡猾最终却打不过好猎人的俗套。在基督教文化中,羔羊宅心仁厚,而以羊为食的狼则以其贪婪遂被打入十八层地狱,《小红帽》等童话故事便是狼永世不得翻身的儿童版注脚。

　　对于狼之外形,《说文》有如此这般描述,"似犬,锐头,白颊,高前广后"。乍一看,狼之外貌颇为阴险。只是常识一再提醒和告诫我们,除了无药可救的颜值控外,以貌取"狼"显然并非是认清狼世界的不二武器。

　　狼的诸多本能性反应,被世人融合掺入世间美丑与丛林法则,而被赋予贪婪、狡诈及冷酷等如此之多文化上的"寒意"。与告子"人性之无分于善不善也,犹水之无分于东西也"的暧昧稍有不同,《淮南子》直接鞭挞"狼戾不可止",一下子便把狼性与人性作了立场分明的根本切割。如果说告子还在羞羞答答地回避人性美丑善恶的区分度,《淮南子》则明确了狼性的暴戾。在我们这样一个世代以农耕为主的社会,因给农业、农民和农村等"三农"问题带来了直接冲击,狼显然不太可能成为与熊猫相提并论的国宝级宠物。尤其是当狼的近支被先人驯化为家狗后,关于狼的传说往往是负面超过了正面。诸多成语可以为证,如狼奔兔脱、狼狈周章、狼心狗行、声名狼藉、豺狼当道等,实在是举不胜举。

除了直入眼帘的贪婪、狡诈、冷酷以及隐藏其后的狼性之险恶,狼其实亦不乏坚韧、隐忍及忠诚等褒面象征意义。正是狼性这种看似背道而驰的两面化,促使我们对其客观认识既要有本质性的理解,亦要有与时俱进的灵活。

如今见过动物世界中真实的狼的人不多,但现实人类社会中披着羊皮的恶狼却倒是并不鲜见。大灰狼与小白兔的经典故事,中西通杀,一向是步入童年期的常备教材。即便不同版本之间具体情节有所差异,亦不过是其加强版的延伸与扩展罢了。

现实中对狼性的洞穿并不如想象中那般简单,在形形色色的神话与童话故事背后,"儿童性侵"已然成为日常生活中并不鲜见的现象,近年来此类案件更是呈现持续高发的态势。据联合国儿童基金会2014年发布的一项报告,约12亿女孩到20岁时,大约十分之一曾被强奸或惨遭性侵。世界卫生组织数据亦显示,全球儿童性侵平均比率高达12.7%。在中国,女童保护基金2016年报告指出,仅内地媒体报道过的便有340起性侵儿童案,而这不过是被披露的冰山一角而已。在这些已被曝光的案件中,许多被害情节都令人闻后一阵阵心悸不已。

法国学者乔治·维加莱洛撰写了《性侵犯的历史》一书,他从历史的侧面回顾了性侵及其反制的衍化。其文风颇为平实,但于其字里行间却隐约可见被性侵者的无辜、痛苦与诉求。时至今日,儿童性骚扰及性侵形态日趋多样性与隐秘性,作案手法多样化与诱骗化,一如弥散开来的雾霾,对儿童生理及心理上的创伤都是极大而长期的,甚至影响到其后人格的发展与健全。网络约会、服食迷药、援助交际,这些曾经看似遥不可及的舶来品却早已登陆上岸,灰暗与压抑危害净土上的儿童。

众人皆想为儿童撑起更多的保护伞,但除了坚持面对儿童性侵零容忍的立场之外,性侵预防教育的开展更是刻不容缓。作为捕猎者的性犯罪人,尽管被标注上"色狼"或"痴汉"的标签,但现实中并不一定总是以脸谱化的狂吠乱吼相貌示人。很多时候,性侵往往是以沁人迷惑的伪善以及并不强烈的小恶交相显现出来,本来面貌却被有意无意遮挡起来。

老子曾道,"反者道之动,弱者道之用。"从预防角度来说,并不适宜将儿童简单化地视为被动的弱者,而更应强调和强化其对可能性侵的能动化解与反制。儿童性侵预防并不是踽踽独行,家庭、学校及社会均有责任予以支持。在进一步强化家长监护、学校看护和社会帮护的同时,广接地气的性侵预防教育是增强未成年人自护意识和能力的有效途径。2007年2月,教育部在《中小学公共安全教育指导纲要》中明确将了解应对性侵害的一般方法列入小学四至六年级"预防和应对社会安全类事故或事件"重点教育模块。而在2008年12月发布的《中小学健康教育指导纲要》中,教育部进而规定分年级对未成年人实施有针对的性及性安全教育。这两部极为重要的教育指导纲要将性侵预防教育纳入中小学生安全重中之重,如危处起笔,十分及时。

身处生长发育和心理敏感的成长阶段,未成年人涉世未深,既经历着我们曾经相似的心智过往,却又因科技与社会家庭生活的迅猛变化而存在着不可小觑的差异。加之狼性两面化的表象,性侵者不一定总是在第一时间被识破。在欢呼防狼喷雾、无人机等防狼自保硬器不断更新时,更应充分清楚地了解性、性侵、性侵预防与狼性的关联。因而在遵循未成年人身心发展规律的基础上,须认真而全面地把握时下未成年人认知特点,注重和提升儿童性侵预防的实践性、实用性和实效性,而非过于抽象与空洞的简单说教。

未成年人性侵预防教育之中,首要的便是普及性知识,切不可如以往那般羞羞答答、含糊其词,而是要从心智安全、生殖安全及性安全方面进行高度统一和理解,并一以贯之。在深入了解身体隐私部位及常见性侵形式与危害后,性侵预防教育重点应更多在于实战性的反制,这有赖于对发生于家庭与校园等地域传统性侵的知晓,亦包括对网络空间等新型性侵的了解。预防儿童性侵,只是反制还是不全面的。狼性交叉相错,对于误入歧途或半推半就等带有较大迷惑性的性侵方式,未成年人更需要睁大眼睛,不要被光怪陆离的表象所迷惑,哪怕是一个眼神或一句言辞。看穿狼性情意抒发下掩盖的狡诈,继而采取相应正确且安全的技巧来预防性侵,这远比事后捶胸顿足后悔来得有效。

防狼之术,重在教育,胜在预防,犹如蒲松龄借被狼所胁迫之屠夫所言,纵然"狼亦黠矣",但"禽兽之变诈几何哉"?!

张鸿巍

中国犯罪学学会副秘书长

美国 Sam Houston State University 刑事司法学博士

暨南大学少年及家事法研究中心教授、珠海特聘学者

目　录

第一章

科学地认识性

本章导读

现今的社会愈来愈多元化，但开化的阳光却似乎遗忘了一个阴晦的角落，那就是"性"。新时代的社会虽不至于"谈性色变"，但科学正确地普及性知识依旧是教育者面临的难题，从简单认识我们的身体结构到全面了解各种生理现象可谓是一项复杂而烦琐的工程。对性的科学认识，有利于性知识的普及，进而增强青少年对自我"性"的保护能力，从而降低其遭受性侵的可能性。本章欲从四个简单的案例出发，通过深入浅出地讲解，使处于成长发育期的男生女生们正确认识自己的身体、了解青春期第二性征、知晓性行为，并在此基础上，提升自身的心理认识，规范自我行为，从而健康快乐地成长。

第一节　好奇之"殇"

▶ 案例链接

迫于生活的压力，雨萱的父母在她出生后不久就外出打工了，留下雨萱和爷爷、奶奶一起生活在陕西农村。直到8岁那年雨萱才开始读书，那也是她第一次走出大山，走进了梦寐中的校园，结识了新的朋友。

因为在农村的老家，根本就不会分男女厕所，所以雨萱也不懂如何区分二者。刚进学校的第一天，她就因跑错厕所而被小伙伴们嘲笑。班主任孙老师知道后，找到雨萱，告诉她男生女生身体是不一样的，所以上厕所的时候要记得去女厕所。对老师的解释似懂非懂的雨萱当时虽然很好奇，但内向的她却不敢再问下去，只是应了句："我明白了，谢谢老师。"

雨萱回家后，把这件事情告诉了奶奶，可是奶奶并未认识到问题的严重性，而是简单地回了一句："小孩子，问那么多干嘛，记住上厕所去女厕所就行啦！"雨萱不但没有在奶奶那里找到答案，反而更加好奇了，她决定要自己弄明白。

晚上，雨萱把自己一个人锁在房间里，试图将自己用过的牙刷往阴道里塞，她其实根本就不明白这其中的利害关系，只是抱着好奇与探究之心。一开始感觉到有点疼痛，但到后来便有一种莫名其妙的兴奋感。碍于面子，雨萱并没有向家中的长辈或老师请教这到底是为什么，也没有问任何人这样做到底对不对。时间一长，雨萱便养成了用牙刷刺激阴道的习惯。后来，雨萱的好奇心越来越重，除了用牙刷刺激阴道外，她还把一些小的物件塞进阴道。刚开始，雨萱并没有感觉到有什么特别的不适，只是感觉怪怪的。放进去容易，取出来却很难，有时雨萱并不懂得如何将把这些物件取出，就索性不管了。久而久之，雨萱感觉到自己身体出现了变化，偶尔会有阵阵的疼痛感袭来，碍于羞涩，雨萱并没有向家人坦白。

过年了，雨萱在外打工的父母回家了。一次偶然的机会，雨萱妈在给雨萱洗澡时发现，雨萱的内裤和阴道口有血迹和不明黏稠物，雨萱妈心里咯噔一下，顿感情况不妙。雨萱妈认为雨萱可能遭遇到了性侵，便反复质问，雨萱一口咬定她没有被别人性侵过。无奈之下，雨萱的父母带她去医院检查身体，医生竟从雨萱的阴道中取出毛线、硬币等异物，看到这一幕，雨萱的父母都惊呆了。

在住院期间，雨萱道出了事情的原委。雨萱的父母深深感觉到夫妻俩没有尽到父母应尽的义务，才酿成这场悲剧，差点就毁了女儿的一生。就在雨萱住院的第三天，医院接诊了类似状况的一个男童，男童小便里带有血，而且小便时疼痛。通过手术，医生从男童的膀胱中取出了一根一米多长的渔线，根据检查结果，医生认为渔线在男孩的膀胱中应该至少有两年了。家人的百般疼爱依旧没能换来男童的如实相告，最终，男童的家人从医生的口中才得知，这根渔线应该是通过尿道口进入膀胱的。

▶ 案例来源

娟娟（化名）是个 6 岁的女孩，与父母一起生活在农村。某晚，娟娟的母亲给她洗澡时，发现她的阴道口有不少分泌物和血迹。刚开始，妈妈以为娟娟遭遇了性侵害，经过反复询问，也未能问出来究竟是怎么回事。于是，夫妻俩决定带娟娟到省城的医院检查身体。医院泌尿外科的医生接诊了娟娟。通过详细询问与科学检查，医生认为孩子有可能是阴道内塞入了异物，并非性侵所致。经过 B 超检查，医生强烈建议对娟娟实施阴道异物取出手术。随着娟娟体内的异物被一件件取出，医生、护士和家人都惊住了：竟然从孩子的阴道里取出了包括螺帽、硬币、小石子等大小不一的异物十余件！主治医师表示，这些异物可能是陆续被塞入阴道的，时间应有一至两年了，异物由孩子自行塞入的可能性较大。儿童有极强的好奇心理，加上对身体结构的了解不够，便出现了上述令人吃惊的情景。[1]

》 | 法律警钟

◎ 法条索引

《未成年人保护法》第十一条规定：父母或者其他监护人应当关注未成年人的生理、心理状况和行为习惯，以健康的思想、良好的品行和适当的方法教育和影响未成年人，引导未成年人进行有益身心健康的活动，预防和制止未成年人吸烟、酗酒、流浪、沉迷网络以及赌博、吸毒、卖淫等行为。

第十二条规定：父母或者其他监护人应当学习家庭教育知识，正确履行监护职责，抚养教育未成年人。

有关国家机关和社会组织应当为未成年人的父母或者其他监护人提供家庭教育指导。

第十六条规定：父母因外出务工或者其他原因不能履行对未成年人监护职责的，应当委托有监护能力的其他成年人代为监护。

第六十二条规定：父母或者其他监护人不依法履行监护职责，或者侵害未成年人合法权益的，由其所在单位或者居民委员会、村民委员会予以劝诫、制止；构成违反治安管理行为的，由公安机关依法给予行政处罚。

◎ 普法课堂

同学们，通过上面的法条不难发现，作为未成年人，我们的合法权益是受到法律保护的。为了防范性侵，我们首先要做

---

〔1〕 http：//epaper. yzwb. net/html_ t/2014-01/15/content_ 131946. htm？div = -1.

的是了解自己的身体结构。其实，男生和女生在生理结构上有很大的不同，也就是我们通常所讲的隐私部位。当我们的身体出现性特征时，我们无需紧张，而是要克服害羞的心态，勇敢大胆地向我们的父母或者监护人询问。成长的过程总是伴随着羞涩，就像我们每个人都曾穿过开裆裤一样。

故事中，雨萱奶奶在雨萱提出问题的时候，应当给予合理的解释，并时刻关注雨萱生理与心理上的变化，以便及时掌握雨萱的身心发展动向。当雨萱把异物塞入阴道产生不适时，她应当及时向家人坦白并就医，以避免发生更为严重的后果。作为孩子的法定监护人，雨萱的父母也应及时关注雨萱的成长，给予孩子温暖与关爱。

那么究竟哪些人是值得我们信任的呢？首先应该是我们的父母，父母是我们的法定监护人，教育抚养子女是法律规定其应尽的义务，也是父母义不容辞的责任。其次应该是其他监护人，当父母不在身边的时候，监护权就会转移到家里其他有监护能力的成年人身上，比如我们的爷爷、奶奶等。当我们在学校学习时，我们的老师也应当是我们值得信赖的人，为人师表、教书育人是老师的职责，也是法律规定老师应尽的义务。

▶ │ 自护小贴士

处于幼童期和青春期的女孩往往缺乏对自己身体发育知识的足够了解，常因好奇或试图解决阴道瘙痒问题而将硬币、石子、玩具零件等强行塞入阴道，从而引发各种妇科类疾病。诸如此类的事件多于学龄前的女童群体中发生，特别是女童穿开裆裤，这种不卫生的行为将孩子的外生殖器暴露在外，于是有意无意地玩弄外生殖器便成为一种常态。异物长期滞留阴道会引起阴道溃疡、结石、盆腔脓肿、阴道粘连等问题，甚至会引发以后的经血引流不畅或痛经。

孩子对身体的好奇是自然反应，我们不仅不能用异样的眼光去看待，反而要正视孩子提出的性问题，对其进行积极的引导，准确的回答，努力通过正确的性教育来杜绝上述情况的发生。

一般来说，加强性教育理应坚持以下原则：

一是家庭环境最佳原则。家庭是进行性教育最为合适的场所，不管是家长还是孩童，在家庭氛围里总是表现得最为放松。父母的言行举止对子女的成长有着潜移默化的指引作用，孩子可以从父母之间的亲昵和相互分享的过程中，感受到两性的和谐与互动，此为性教育的最佳途径。

二是讨论自由原则。父母在与子女讨论"性"这一话题时，不可夹杂太多的神秘与隐晦的色彩。对父母而言，无论是羞于启齿，还是一味含糊搪塞都是不可取的，因为这些行为都只会激发孩子产生更多的遐想和好奇，严重的甚至会造成孩子日后的性苦闷或性压抑。当孩子提出与性相关的问题时，父母回应的态度应直截了当，以孩子所能理解的语言来回答，不可扭扭捏捏或含糊其词甚至转移话题。

三是术语正确原则。所谓良好的性教育，就是让我们的孩子对自己的身体有充分的了解。只有对身体有了充分的正确认识，才能杜绝不礼貌的行为，比如随便拿异性的生理性征开玩笑，抑或如玩游戏般随意抚摸他人的生殖器官等。其实，孩子的可塑性极高，经历过社会过度浸染的家长在这方面反而要向孩子学习，学会坦然看待性。

>| 测一测

阅读完上面的内容，我们是不是应当对自己身体的隐私部位有所了解了呢？让我们通过下面几个题目来测一测吧。

A. 男生与女生在生理结构上主要有哪些不同？

B. 当发现阴道有异物时可以向谁寻求帮助呢？

C. 男生与女生的隐私部位各有哪些，是否相同？

D. 不当暴露隐私部位的行为有哪些？

第二节　手淫的烦恼

▶ 案例链接

　　谢任玮的父母都是商人，因为没有足够的时间照料他的生活起居，所以谢任玮从 12 岁就开始寄宿在学校。由于没有父母的严格约束，谢任玮的生活也慢慢地变得随意起来，个子不高的他却喜欢和高年级同学混在一起。李忆凡便是谢任玮众多朋友中相处最好的一个，比谢任玮高一头，也比同龄人显得更为成熟，大家都管他叫"凡哥"。

　　李忆凡和班上的一个女生谈恋爱，谢任玮虽然嘴上不说，可是心里很希望自己也能有个女朋友。其实，谢任玮并没有意识到他已经处于青春发育期，第二性征也已经开始渐渐地出现。正处于变声期的他声音已不再稚嫩，而是变得深沉。他用自己些许陌生的低音对李忆凡说道："凡哥，给我介绍一个女朋友，或者教我怎么追女生吧！"李忆凡笑道："你肯定是看上我们班的某个女生了。"说完，两个人哈哈大笑起来。

　　趁晚上在教室自由学习的时间，李忆凡对谢任玮说："走吧，我们去洗澡。"随后两人愉快地回宿舍收拾衣服去了。刚收拾了一半，李忆凡递给谢任玮一本黄色小说，随后说道："哥们儿，这是我哥给我的，现在借给你看看，记得还哟。"谢任玮脸一红，接过书就往被子里塞。

　　在浴室里，李忆凡一个人躲在角落里手淫。看到这一幕，谢任玮好奇地问："你这是在干什么呢？"李忆凡笑了笑说："保密，哈哈。"回到宿舍，谢任玮躺在床上，想到枕头下的那本书和李忆凡在澡堂的表现，他就全身燥热。终于，谢任玮鼓起勇气，拿起手电筒，蒙在被窝里一口气把五十多页的黄色小说看完了。看完之后，谢任玮内心感觉躁动无处发泄，他一开始尝试把这股热火压下去，可是脑子里却走马灯般不停播放书里的场景，渐渐地他再也忍受不住内心的欲望，便效仿起李忆凡在浴室里的行为。就这样，谢任玮学会了手淫，那年他才12 岁。

正处在青春发育期的谢任玮，身体发育速度加快，喉结开始突出显现，声音也变得更加低沉，对异性的向往也与日俱增。为了缓解青春期的性兴奋，他彻底投降于手淫带来的快感，从此养成了手淫的习惯而一发不可收拾。除了手淫，谢任玮还从周围的同学那里借来黄色书籍和录像看，他渐渐地从"谈性色变"的害羞小学生变成了决不避讳的"谈性"少年。谢任玮的学习成绩随之陡降，很快从班级前三名变成了倒数的后三名，小升初的考试，他更是彻底落败，最终只能就读一所普通学校。后来，谢任玮结识了一群三教九流的朋友，在这些狐朋狗友的怂恿下，他在十五岁的时候找了"小姐"发泄性欲。从此，无心读书的他开始变得无法自控，在手淫的路上越走越远，最后变得郁郁寡欢，不善言谈，还时常从梦中惊醒。

偶然的一次机会，谢任玮的母亲在收拾房间时看到了儿子手淫后留下的面巾纸，她大吃一惊并很快就把这件事情告诉了丈夫。夫妇俩看在眼里，急在心里，忙找来谢任玮谈心。在父母的感化下，谢任玮说出了自己已经有六年手淫史的秘密，并表明已经无法控制自己。随后，夫妇俩带着儿子去看了医生，最终，谢任玮被确诊为青春期抑郁症。

》 案例来源

广东武警医院接诊了一名特殊的病人，疑似患上了心理疾病，精神恍惚，长期失眠，无心工作，而令人吃惊的是这名病人年仅16 岁，他患病的原因更是令人唏嘘。在医院里，患病的少年阿海泣不成声，他说出了折磨自己近五年的心魔：在阿海11岁的时候，有一天他半夜十二点多从梦中醒来，迷迷糊糊准备上厕所，走到客厅发现爸爸在看黄色录像，那一刻，屏幕上不堪入目的画面映入眼帘，仿佛深深地刻在了自己的脑海里，久久无法消散。从此阿海跟变了一个人似的，慢慢养成了手淫的习惯，无法自抑。两年前，阿海出来打工，虽然忙碌可以分散一些注意力，但是他仍然无法杜绝手淫的习惯，偶尔还做出了找"小姐"解决的过激行为。他内心非常痛苦，甚至还想到过自杀。

无奈之下，阿海来到医院向心理医生求助，经过医生的分析和检测，诊断出阿海患上了非常严重的心理疾病。目前，他内心处于一种非常抑郁的状态，这种状态是由童年受到的心理创伤造成的，而不良的家庭氛围和过早接触性生活是主因。[1]

▶ 法律警钟

◎ 法条索引

《未成年人保护法》第五条规定：保护未成年人的工作，应当遵循下列原则：（一）尊重未成年人的人格尊严；（二）适应未成年人身心发展的规律和特点；（三）教育与保护相结合。

第十九条规定：学校应当根据未成年学生身心发展的特点，对他们进行社会生活指导、心理健康辅导和青春期教育。

第二十五条第一款规定：对于在学校接受教育的有严重不良行为的未成年学生，学校和父母或者其他监护人应当互相配合加以管教；无力管教或者管教无效的，可以按照有关规定将其送专门学校继续接受教育。

第三十四条规定：禁止任何组织、个人制作或者向未成年

---

〔1〕 http://sn.people.com.cn/n/2014/1103/c190197-22796130.html.

人出售、出租或者以其他方式传播淫秽、暴力、凶杀、恐怖、赌博等毒害未成年人的图书、报刊、音像制品、电子出版物以及网络信息等。

第六十四条规定：制作或者向未成年人出售、出租或者以其他方式传播淫秽、暴力、凶杀、恐怖、赌博等图书、报刊、音像制品、电子出版物以及网络信息等的，由主管部门责令改正，依法给予行政处罚。

◎ 普法课堂

父母是儿女最好的老师。为人父母者，首先要以身作则，给孩子树立良好的榜样，正所谓"其身正，不令而行；其身不正，虽令不从"。案例来源中的阿海就是在他父亲的影响下，走上了一条歧路，终究毁了自己的大好前途。

处于青春期的少男少女，第二性征开始出现，对于性的向往也逐渐加强，此时，作为监护人的父母有义务正确地引导孩子，而不是对其放任不管，甚至发出错误的信号。对于未尽义务的父母，未成年人要敢于向社区等社会机构或政府部门寻求帮助。从社会保护的角度出发，应当禁止向未成年人出售、出租或者以其他方式传播淫秽物品。

对于那些传播淫秽物品的行为，我们每个人都担负着抵制的义务。

》 自护小贴士

性征，是指区别男女性别的主要特征，一般将生殖器官的不同外形构造称为第一性征，是由遗传物质染色体决定的。通常来说，男生的青春发育期从 11 岁至 14 岁起，女生发育稍微早于男生，青春期的男生和女生在发育、代谢、内分泌及心理诸方面均会发生显著变化，此时就会出现明显的第二性征。

故事中，谢任玮应当断然拒绝李忆凡借给他的黄色书籍，并应将李忆凡藏有黄色书籍的事情及时向老师汇报，而不是偷偷藏起来供自己阅读。面对青春期的性冲动，谢任玮应当选择加强锻炼等方式予以缓解，而不能通过手淫的方式达到自我满足，这种做法不仅是错误的，而且会影响今后身体的健康发育。谢任玮的父母虽然不能给予他最为贴心的照顾，但谢任玮在成长过程中遇到困惑或问题时应当及时与父母沟通，毕竟父母是世界上最爱我们的人。

身处青春期的青少年们，应科学地认识性的第二特征，树立正确的"性"价值观，用正确的方式解决青春期发育过程中的性冲动问题。

▶ | 测一测

阅读完上面的内容，我们是不是已经对性的第二特征有所了解了呢？让我们通过下面几个题目来测一测吧。

A. 性的第一特征是什么？决定物质又是什么？

B. 性的第二特征是什么？

C. 青春期大概从多少岁开始？

D. 手淫的危害有哪些？正确的预防措施是什么？

第三节 害羞的生物课

▶ 案例链接

上课铃声响了，坐在教室里的同学们仍在叽叽喳喳地说个不停。这时黄老师抱着一个穿着泳衣的公仔走进教室，对同学们说："今天我们将讨论一个很严肃的话题，希望大家不要害羞，认真对待，积极讨论。"说罢，黄老师拿起粉笔在黑板上写了五个大字——性与性行为。看到黑板上的板书，刚才还在吵闹的同学们顿时安静下来，陈方凯在下面偷偷地嘟囔起来："老师晕了吧，这节不是应该跳过去不上的吗？怎么还大张旗鼓地讨论起来了呢？"

黄老师扫了一眼愣住的同学们，发现好多同学的脸都红了，还有部分同学直接低下了头。黄老师拿着公仔严肃地说："这是我们每个人成长过程中必须要知道的知识，希望大家不要害羞。这节课我们以讨论的方式展开，遇到疑惑的地方，提出问题，老师讲解便是。哪位同学能告诉大家，我们每个人是怎么来的？"调皮的陈方凯忙大叫起来："从猿猴进化来的。"黄老师点了点头，说道："说得很对，大家都知道人是从猿猴变来的，但是我们今天要讨论的话题是人是如何生出来的，也就是妈妈怀孕的过程。"说完，黄老师又问："大家知道胎儿是如何发育的吗？"吕奕丹低声回答说："胎儿是从受精卵发育而来的。"黄老师接着吕奕丹的话说："生命的起源是父母之间的性行为将精子和卵子结合在一起，父亲产生精子的器官叫睾丸，母亲产生卵子的器官叫卵巢。生命的孕育就是胎儿在母亲子宫内长大的过程，生命的诞生就是婴儿从母亲的阴道分娩的过程，今天我们就讨论如何认识性行为。"

刚听完老师的话，活泼的陈方凯便按捺不住举起手来："老师，我知道什么是性行为，就是男的和女的在一起卿卿我我。"吕奕丹笑着说："按照你的说法，男女只要卿卿我我就能生小孩咯，那电视里有爱情戏的演员岂不是都互相有小孩了。"吕奕丹的一席反驳惹得黄老师和全班同学哈哈大笑，讨论的热情顿时高涨起来。黄老师说："我们通常所说的性行为就是男性和女性生殖器交配的过程。请问大家，性行为过程应当注意什么吗？"

刚才失误的陈方凯决定一雪前耻，急忙回答道："性行为要注意卫生，不卫生的性行为会导致疾病。"吕奕丹紧接着说："性行为要注意避孕。因为我妈妈说过流产对身体不好。"随后万松林说:"不能和卖淫或者吸毒的人发生性行为,因为会惹上艾滋病。"此时黄正涛也加入讨论之中,笑着说:"老师,我还知道不能过早的发生性行为,因为过早的性行为会影响身体发育。"看到同学们都踊跃发言,一向含蓄内敛的李凯也举手说道:"我知道性行为一定要发生在结婚之后,婚前性行为不道德。"

最后黄老师一一肯定了大家的说法,并补充道:"和谐的性行为有利于身体健康、家庭和睦,希望大家一定要珍爱自己的身体,做一个负责任有担当的人。"

▶ 案例来源

当今社会论及"性"话题已不再讳莫如深,但如何对中小学学生开口谈性知识,还是让家长和老师们较为头疼的事。2014年,盘龙区计生委在昆明市第十一中学开展"青春健康教育"项目。该项目开展一年以来,专业心理咨询老师以突破性的尺度,在课堂上向老师、学生和家长们讲述青春健康知识,由专业人士编撰的《与孩子直面性》和《我青春 我健康——青春健康知识手册》成为家长、孩子的必读书。[1]

▶ 法律警钟

◎ 法条索引

1.《宪法》第四十六条规定:中华人民共和国公民有受教育的权利和义务。

国家培养青年、少年、儿童在品德、智力、体质等方面全面发展。

2.《未成年人保护法》第三条第二款规定:未成年人享有受教育权,国家、社会、学校和家庭尊重和保障未成年人的受

---

[1]　http://www.ynfzb.cn/fzyn/JiaoYu/208012.shtml.

教育权。

第四条规定：国家、社会、学校和家庭对未成年人进行理想教育、道德教育、文化教育、纪律和法制教育，进行爱国主义、集体主义和社会主义的教育，提倡爱祖国、爱人民、爱劳动、爱科学、爱社会主义的公德，反对资本主义的、封建主义的和其他的腐朽思想的侵蚀。

第十七条规定：学校应当全面贯彻国家的教育方针，实施素质教育，提高教育质量，注重培养未成年学生独立思考能力、创新能力和实践能力，促进未成年学生全面发展。

第十九条规定：学校应当根据未成年学生身心发展的特点，对他们进行社会生活指导、心理健康辅导和青春期教育。

3.《教师法》第七条规定：教师享有下列权利：（一）进行教育教学活动，开展教育教学改革和实验；（二）从事科学研究、学术交流，参加专业的学术团体，在学术活动中充分发表意见；（三）指导学生的学习和发展，评定学生的品行和学业成绩；（四）按时获取工资报酬，享受国家规定的福利待遇以及寒暑假期的带薪休假；……

◎ 普法课堂

故事以一节生物课的形式展开，黄老师通过穿泳衣的公仔，准确告诉了同学们如何正确看待性行为以及发生性行为时应当注意的基本事项。在讨论互动中，同学们积极发言，都受益良多。

性行为首先必须是自愿的，任何非自愿的性行为都是犯罪行为，必将受到法律的制裁。事实上，即便是自愿的性行为也可能构成犯罪，即在自愿的性行为中，当与之发生性关系的女生未满十四周岁，只要造成女方怀孕等严重后果的，男方也属于犯罪行为。这就告诉我们，正确的性行为应当在我们生理发育成熟之后，过早的性行为对身体是有害的，严重时会导致不育不孕的恶果。

▷ | 自护小贴士

性行为，是指为满足性需求的性接触，主要方式有接吻、拥抱、爱抚、性交等。对于青春期的少男少女来讲，要避免过早发生性行为。青春期少女的外阴及阴道发育尚未成熟，生殖器官表面组织较为薄弱，过早的性行为会引发阴道裂伤或大出血等情况。与此同时，性行为还会将一些病原体和污垢引入阴道，青春期少女的自身发育机能较差，因此很容易引发外阴及阴道的感染。

青春期的少男少女要科学地对待性行为。此时正处在学习的黄金时期，较早的性行为势必会影响青少年学习的精力。故青春期的少男少女应避免性行为，珍爱自己的身体和青春，把有限的精力投入学习、生活中去。

▷ | 测一测

阅读完上面的内容，我们是不是应当对性行为有所了解了呢？让我们通过下面几个题目来测一测自己吧。

A. 什么叫作性行为？

B. 性行为应当注意的事项包括哪些？

C. 不当的性行为会引发哪些生理后果？

第四节　妥协后的顽强

▶ 案例链接

那是一个月黑风高的晚上，刚放晚自习的郑康妮一个人走在回家的小路上。突然，一个黑色人影从路边的草丛中蹿出，一把将郑康妮按在了地上，就这样郑康妮被强暴了，那时她才

13 岁。事后，透过隐约的灯光，郑康妮认出了施暴者，原来他是同村一个叫朱勇的单身汉，平时以杀猪为生。看到郑康妮认出了自己，朱勇便恶狠狠地恐吓道："只要你敢告诉你家人或者报警，我就把你和你家人全部杀掉，并把你的裸照传到网上。我知道你父亲已经去世，家境不怎么好，只要你依我，不但保你全家人平安，我还会给你生活费，让你过得舒服点。"此时的郑康妮吓得直哆嗦，朱勇一把将她搂在怀里说："大叔说话算数，放心吧，以后再也不会有人敢欺负你们母女俩了。走，大叔带你去洗一下身体。"朱勇边说边拉郑康妮回到他的家。当热水淋在郑康妮身上的那一刻，流着眼泪的她死命搓着自己的身体，试图洗去沾染着朱勇气息的一身"脏"，可总感觉洗不干净。思量很久，郑康妮打心底想去报警，但想想朱勇之前的威胁，她决定忍下这一次。

之后的一个月里，朱勇多次找到郑康妮，以裸照和郑康妮家人的安危相要挟，对年仅 13 岁的郑康妮先后实施暴行十多次。郑康妮的心理变化也很明显，从一开始的沉默寡言变得暴躁不安，整天提心吊胆、魂不守舍，一肚子委屈憋在心里，却不敢向母亲倾诉。有一次，郑康妮放学回来得太迟，母亲便问她为什么这么迟回来，郑康妮想开口告诉母亲一切，最终又将话咽了回去。

朱勇为了推卸责任，逼郑康妮写下字据证明自己是心甘情愿与其发生性关系的，并对郑康妮说："你就断了举报我的念头，踏踏实实跟着我吧。只要有这张字据在，我就是安全的。还有每次我叫你来，你都会答应，你该不会爱上我了吧？"读书不多的郑康妮被朱勇的花言巧语所迷惑了，不懂感情的她也不能正确把握自己的心态，感觉自己对朱勇也有了点依赖。可是，不忍这样被欺辱的她，精神状况越来越差了，甚至产生了轻生的念头。

心理课上，心理老师发现郑康妮很不对劲，课后便留下她与其谈心。在心理老师耐心地引导下，郑康妮突然放声大哭，说出了藏在心中许久的秘密。在老师的陪同下，郑康妮终于决定拿起法律的武器，给坏人以最沉痛的打击。在老师的教导下，郑康妮明白了向坏人妥协就是助长犯罪之风，一定要坚信天网恢恢，疏而不漏的道理。她也决定今后会慢慢调整心态，继续坚强地活下去。

▶ 案例来源

海南一男子姜某（化名）将网络上其他女子的裸照进行图片处理后，以威胁的方式要求未成年女孩小玲（化名）与其发生性关系。事后，在小玲父母的举报下，经过公安机关的侦查和检察机关的起诉，最终，美兰区人民法院以强奸罪对姜某定罪处罚。[1]

▶ 法律警钟

◎ 法条索引

1. 《宪法》第三十八条规定：中华人民共和国公民的人格尊严不受侵犯。禁止用任何方法对公民进行侮辱、诽谤和诬告陷害。

2. 《未成年人保护法》第六条第二款、第三款规定：对侵犯未成年人合法权益的行为，任何组织和个人都有权予以劝阻、制止或者向有关部门提出检举或者控告。

国家、社会、学校和家庭应当教育和帮助未成年人维护自己的合法权益，增强自我保护的意识和能力，增强社会责任感。

第十九条规定：学校应当根据未成年学生身心发展的特点，对他们进行社会生活指导、心理健康辅导和青春期教育。

---

〔1〕 http://www.chinadaily.com.cn/hqgj/jryw/2014-04-17/content_11606650.html.

第四十一条第一款规定：禁止拐卖、绑架、虐待未成年人，禁止对未成年人实施性侵害。

3.《刑法》第二百三十六条第一款、第二款规定：以暴力、胁迫或者其他手段强奸妇女的，处三年以上十年以下有期徒刑。

奸淫不满十四周岁的幼女的，以强奸论，从重处罚。

◎ 普法课堂

性侵是犯罪行为，性侵未成年人属于性侵的加重情节，理应受到重判。当性侵发生后，作为未成年人的我们又该怎样保护自己呢？

首先，我们应当向家人或国家机关寻求帮助。当性侵发生后，我们要鼓足勇气，向父母寻求帮助，向公安机关举报，向司法机关控诉，不要因为害羞或者受到犯罪嫌疑人的恐吓而放弃维护自己的权利。其次，应当保留证据。性侵发生时不要着急清洗下体和内裤，因为罪犯的精液是性侵最直接有力的证据。最后，我们应当及时接受专业的心理治疗，提高心理认知，为以后的生活做好心理准备。性侵的心理伤害程度与受害的年龄成反比，当受害人是未成年人时，年龄越小，心理伤害越深。当性侵发生后，需要及时地对被害人进行心理认知辅导，避免严重后果的发生。

▷| 自护小贴士

性侵犯，是指非自愿的性行为，即受到胁迫、威胁或者未经同意而强行发生的性行为。性侵是场噩梦，受到性侵的年龄越小，心理伤害就越大。我们并不希望这种行为的发生，但一旦发生后，就需要以积极的心态去调整心理压力，通过治疗、疏导等途径进行辅助治疗。从打击犯罪的角度来讲，受侵害者不能向恶魔屈服，要敢于揭发其恶行。从保护未成年人的隐私来讲，我们不能公开受害人的姓名等基本信息，确保未成年人免受二次伤害。同时，我们也要加强对未成年人的性知识教育、青春期教育和普法教育。

相比于偶发性性侵，案例中的持续性性侵行为将会带来更为严重的后果。如果被害人没能得到及时的引导，就会在其生命早期形成阴影，从而容易造成一个人的性关系、基本信念体系、情感模式、人际关系、思维特征与行动模式的全方位变异，甚至大脑功能也可能因此受到影响，以致产生病理性的改变。受害者可能会用各种方式伤害自己，卷入暴食、吸毒、滥交等各种匪夷所思的危险活动中。心理阴影严重时，受害人时而以泪洗面，痛诉衷肠，时而激烈得希望毁灭世界，时而又将自己重重封锁，时而又痛苦得想要毁灭自己。作为未成年人的监护者，父母、老师、亲人在发现孩子有异常行为时，应当及时介入，提高心理认知，给予及时的关心与治疗。

测一测

阅读完上面的内容，我们是不是应当对性有了科学的认识呢？让我们通过下面几个题目来测一测吧。

A. 什么叫作性侵犯？

B. 常见的性侵方式有哪些？

C. 当遭遇性侵时，我们应当如何维护自己的权利？

D. 谈一谈面对性侵时，我们应当如何调整心态？

电影推荐

青春就像一场大雨。即使因淋雨而感冒了，却还是盼望毫无顾忌地再淋它一次，因为淋雨的冲动只属于那个充满着幻想与憧憬的青春时光。本章推荐电影《那些年，我们一起追的女孩》。影片讲述了正处于青春期的主人公柯景腾和他那群死党，与班花沈佳宜纠结、肆意的初恋时光。

　　青春，我们都曾有过，宛若青苹果般青涩却散发着清香，青春期的我们又有谁没有遇到过自己心中的女神或男神呢？让我们带着正在经历的抑或逝去的青春记忆走进主人公的青涩岁月吧。

第二章

性侵行为与表现

本章导读

近年来儿童性侵事件频频见于各大媒体头条。事件中的受害儿童遭受身体和精神的双重打击，引起了社会的高度关注。本章通过讲述四个真实的故事旨在让同学们了解：首先，何为性侵以及性侵行为的四种表现方式——性骚扰、猥亵、性虐待和强奸；其次，如何防范性侵以及性侵自救；最后，如何避免性侵的二次伤害。

第一节　公交车上的"偶遇"

许文静是一个特别漂亮乖巧的女生。自从升学到高中，学校离家路途较远，她每天不得不挤公交车往返于学校与家之间。早上七点半和晚上六点是上下班的高峰期，也是许文静上下学的时间，渐渐地她似乎已经习惯了紧凑、拥挤的乘车节奏。

那天是个风和日丽的日子，许文静吃完饭后便背着书包准时从家里出发。徐徐微风拂过许文静的脸庞，让她的心情格外舒畅。许文静在站台上安静地等待11路公交车，不时焦急地望向远处。突然，有人碰了一下许文静，还没等她反应过来就传来一个陌生男子的声音："真抱歉，小姑娘！叔叔刚才不小心碰到你啦。"许文静抬头一看，原来是一个戴着眼镜的中年男子，随即连连说道："没关系，没关系。"这名自称叔叔的男子便是不怀好意的刘天。就这样，两人看似碰巧的第一次接触到此结束。11路公交车终于开进站了，大家井然有序地排队乘车。

由于11路公交车的行驶路线为城区中心街道，所以一向很拥挤。"本车可能急刹车，请各位乘客坐好、扶好，以免受伤！"公交车不时播报提醒乘客们注意安全的消息。就在这时，公交车突然急刹车，乘客们控制不了自己的身体，纷纷向前倾倒。此时的刘天似乎等待已久，乘势搂住许文静的腰，并解释道："小姑娘，你要扶好，如果不是叔叔在，你就跌倒了。"许文静这才意识到这位叔叔就是刚才在等公交车时碰到她的男子，心头闪过一丝暖意："叔叔不知道我站稳了，好心地扶我一把，真是位有爱心的叔叔。"这已经是两人的第二次接触。刘天看出许文静眼中的感激，便借机和她攀谈起来，有意无意问一些"你在哪里上学？你家住在什么地方？"等等诸如此类的探究问题，为进一步实施自己的计划做准备。

一番聊天后，两人已变得比较熟悉，自以为赢得许文静好感的刘天认为时机已经成熟，便慢慢移向许文静，紧贴着她的身后，来回晃动摩擦她的身体。他感觉到许文静没有反抗，随后便大胆地把手伸向许文静的裙子下面。此时的许文静一方面已经明显感觉到刘天的图谋不轨，另一方面却备感尴尬，她在犹豫是否拒绝叔叔这样的行为。随着刘天的行为越来越过分，经过再三思索，许文静终于鼓起勇气决定表明自己的态度。"叔叔，请不要这样！"许文静红着脸低声道。听到她丝毫没有震慑力的警告后，刘天只是稍微收敛了一下自己的行为而已。公交车行驶到路口拐弯时，刘天突然把大衣脱下挡在身体前面，假装没有站稳，向前倾倒在许文静身上。受惊的徐文静回头一看，刘天竟然在故意暴露自己的下体并玩弄。许文静面对刘天过分的性骚扰行为，傻傻站在那里，不知所措。她又惊又怕，只想尽快远离刘天这个可怕的坏人，便开始喃喃自语地祈祷起来："快点到站吧！快点到站吧！""六中到了，请下车的乘客往后门移动。"终于，公交车上响起提示下站的广播声。许文静连忙逃跑般冲下车去，一路狂奔到学校。

▶ | 案例来源

2014 年 7 月 21 日下午，一位名为小艾的 18 岁女孩在公交车上遭受到陌生人的性骚扰。机智的小艾偷偷用手机拍下了整个过程，传至微博。此事一经网络上传便受到众人的关注，网民纷纷向公安机关提供线索，最终犯罪嫌疑人于 7 月 22 日被抓获且对此事供认不讳。

据小艾讲述，车上乘客较多且拥挤，隐约感觉到有人在自己的身后蹭来蹭去，感觉极为不舒服。小艾便自觉向车厢的后边移去，该男子也顺势跟了过去，女孩这才发现了原来之前的行为就是该男子所为。受到性骚扰的小艾立刻拿出手机拍下照片作为证据，事后成为警方破获此案的有力证据。[1]

》 法律警钟

◎ 法条索引

1.《妇女权益保障法》第四十条规定：禁止对妇女实施性骚扰。受害妇女有权向单位和有关机关投诉。

2.《上海市实施〈妇女权益保障法〉办法》第三十二条规定：禁止以语言、文字、图像、电子信息、肢体行为等形式对妇女实施性骚扰。受害妇女有权向有关单位和部门投诉。

有关部门和用人单位应当采取必要措施预防和制止对妇女的性骚扰。

3.《预防未成年人犯罪法》第十四条规定：未成年人的父母或者其他监护人和学校应当教育未成年人不得有下列不良行为：……（七）观看、收听色情、淫秽的音像制品、读物等；（八）进入法律、法规规定未成年人不适宜进入的营业性歌舞厅等场所；……

第三十七条规定：未成年人有本法规定严重不良行为，构成违反治安管理行为的，由公安机关依法予以治安处罚。因不满十四周岁或者情节特别轻微免予处罚的，可以予以训诫。

◎ 普法课堂

性骚扰：其行为本质具有性倾向或者性别歧视，实施的行为可以是肢体动作或者言语表达，且该行为损害了他人的人格尊严。

---

〔1〕 http://www.chinanews.com/sh/2014/07-30/6439381.shtml.

性骚扰的表现形式：（1）带有性倾向的肢体动作。通常行为人会违背当事人的意愿，以触摸、捏掐、摩擦等方式接触当事人的身体。（2）带有性侵向的言语表达。通常包括违背妇女意愿对其表达一些甜言蜜语、调侃情话等具有羞辱性和冒犯性的言语。（3）带有性倾向的非言语的行为。通常这种行为以发暧昧短信、展示裸露图片、播出黄色录像以及做出性挑逗的姿势为主。这些性骚扰的行为往往是不可容忍的行为，具有强迫性。

性骚扰的法律后果：我国对性骚扰没有具体明确规定，只在 2005 年修订的《妇女权益保障法》中第一次明确规定了禁止性骚扰，并规定受害妇女可以以民事诉讼的方式请求赔偿。在我国一些省市颁布的地方性法规中，对性骚扰的界定与法律后果规定得较为模糊。目前我国发生的性骚扰案件大多以取证难而最终不了了之，有少数案件的行为人被处以行政处罚。在实施性骚扰过程中，如果犯罪的情节、性质符合《刑法》规定的强制猥亵、侮辱妇女罪的构成要件，将以该罪对其定罪量刑。

〉| 自护小贴士

本案例中，刘天把作案地点选在公交车上，伺机寻找穿着显眼的女孩子。由于公交车上人多拥挤，性骚扰的行为很容易得逞。刘天为了顺利实施自己的计谋，先是偶遇，紧接着乘机搭讪。通过长时间的攀谈，刘天有意识地表现出真诚和热情，获得了许文静对他的信任和好感。在做了一番准备之后，刘天肆意地在许文静身后蹭来蹭去，不时触摸她的腰部。许文静在感到一阵不舒服后，尴尬地看了一眼刘天，往车厢后部移去。老奸巨猾的刘天看到许文静没有激烈的反抗情绪，便穷追不舍地跟了过去。性格腼腆、内向的许文静因羞涩而没有做出任何反击性的行为，只是轻声细语地发出震慑力不足的警告，对于后来的性骚扰行为仍然默然接受，并没有再做出任何反抗的行为。

现在让我们一起来探讨一下有关许文静面对性骚扰行为时

的态度吧。首先，许文静没有拒绝刘天的搭讪，而是热情地与之交谈。其次，许文静对刘天带有性倾向的身体接触，没有做出激烈的反抗行为。最后，一向喜欢沉默的许文静对于刘天穷追不舍的性骚扰行为没有强烈表明自己的态度。你认同许文静的做法吗？如果你是她，你会怎样做呢？

在我们国家性别文化背景下成长起来的女孩往往比较内向、沉默、保守，她们从小被教育必须使自己时刻保持淑女的样子，尤其言行举止要端正，低声慢语，也不能过多讲话。正是由于这种沉默习惯的养成，随着社会环境日益复杂，女孩子受到性骚扰的案件逐步攀升。她们在面对性骚扰时往往不知所措，羞于表达自己的情绪，无法立即用言语反击或者行为抵抗。我们在这里要澄清大家对"淑女"的误解。其实，做一位淑女，不是要求我们受到侵害时不做声、不反抗。相反的，我们一定要勇于反抗，向对方明确表明自己的反抗态度，要求对方检点自己的行为。在此，给大家列举几种反抗的方式：第一，面对性骚扰者要给予对方眼神提醒，例如怒视或瞪对方，给予对方警告性提示；第二，性骚扰行为一般是以触碰为表现方式，因此可以刻意退缩自己的身体并远离对方，此举既可以向对方明确决绝的态度，同时又适当地避开了性骚扰者的侵害行为；第三，在对方穷追不舍的性骚扰行为下，孤立无援且能力有限的未成年人要及时向周围的人求助，大声喊叫，必要时也可以采取肘击或者膝盖顶击对方等方式对性骚扰者进行反抗。

》 | 测一测

通过上述的小案例，我们学到了什么呢？动一动脑筋，请把你知道的知识告诉大家，互相讨论一下。如果有人对你做出一些性挑逗的动作或给你看具有黄色暴力的图画，你该怎样做呢？

A. 明确态度、积极回应，如大声说不、退缩身体、移动位置或者变换座位；

B. 消极拒绝，冷漠对待，忍受行为人的性骚扰；

C. 及时寻求帮助，告知家长或者报告警察；

D. 当作什么都没有发生，放任性骚扰行为。

第二节 熟悉的"陌生人"

案例链接

　　放暑假了，孩子们可以快乐享受长达两个月的假期，宋薇心里别提有多高兴了，她终于可以和工地里的小朋友玩耍了。由于家人长期在外务工，宋薇从小便跟随父母在外东奔西跑，游走了多座繁华都市。面对两个月的暑假，与开心的宋薇不同，父母最担心她的假期如何度过。原来，宋薇与同龄的小朋友有所不同，她属于中度智障人，智力低下，情绪不稳定，自控能力差。因为宋薇先天的特殊性，父母把更多的关爱放在了她身上，周围的邻居也对宋薇更加关爱，时不时会帮忙照料她。

　　午饭期间，一家人热闹地吃着饭菜，妈妈时不时看向女儿碗里的饭菜，又夹了两块肉过去。"宋薇啊，暑假你打算怎么度过呢？"妈妈认真地问道。宋薇听到妈妈的问话，只是抬起头开心地痴痴笑着，什么话都没有讲，随后低下头吃起香喷喷的红烧肉来。妈妈看着满脸快乐的宋薇，心里满是幸福，乖女儿给这个家庭带来了欢声笑语和温馨的氛围。"爸爸和妈妈出去工作的时候，你一个人在家里要注意安全，不要随意和陌生人讲话，更不要跟随陌生人出门。"宋薇的妈妈耐心地讲道。平时上学期间，由于宋薇是在特殊教育学校学习，有老师们的精心照顾，所以妈妈很放心。但考虑到暑假长达两个月，爸爸、妈妈平时在工地工作，环境嘈杂且比较危险，对于情绪不稳定的宋薇来说是非常不适合她玩耍的环境。

"妈妈和爸爸去远处的高楼上工作了，你要按照妈妈的嘱咐在家里玩耍。"妈妈走之前再三叮嘱了一番。"知道了！"宋薇似乎有些不耐烦，带有一丝负面情绪。她想不明白父母为什么丢下她，不陪伴自己玩耍。父母每次去工地干活，都要再三拜托周围的邻居帮忙照看宋薇。

随后宋薇坐着小板凳，眼睛不眨地仰望着天空，若有所思的样子，或许她在描绘自己的小世界吧。正在工地附近巡视施工材料的周某看到宋薇傻傻地坐在凳子上，一动不动。周某慢慢走向宋薇，假意关切地问道："宋薇啊，坐在大太阳下热不热？"宋薇看到原来是邻居家的爷爷，便羞涩一笑低下头来。"小心中暑，爷爷屋里有空调，我带你进屋凉快去吧。"周某紧接着装作热情地说道。听说可以消暑降温，宋薇想也没想便高兴地跟随周某进到屋子去了。

一进屋子，宋薇便坐在床边上。看到天真的宋薇，周某顿生色心，有意地把手搭在宋薇的肩膀上。为了博得宋薇的好感，周某特意拿出冰镇的西瓜，"来来来！吃西瓜，香甜可口。"看到宋薇已经沉溺在吃西瓜的乐趣中，他匆忙地跑到屋子门口，环顾四周没有人，随即紧紧地关上门窗，开始把魔爪伸向宋薇。他急不可耐地解开宋薇的衣服，把手伸向她的胸部、腿部，肆意地开始抠摸宋薇的下体。由于力气过大，宋薇不高兴地喊叫了一声。周某又迫不及待地脱光衣服，把整个身体压向宋薇，受到刺激的宋薇连忙不情愿地推开60岁的邻居爷爷，衣冠不整地跑出屋子。受到惊吓的宋薇回到家，嘴里念念叨叨起来。

下班回来的妈妈看到宋薇精神有些失常，行为怪异，连忙问道："宋薇啊，遇到不开心的事情了吗？""坏爷爷……疼！"宋薇边讲边拉着妈妈的手往屋外走去，指了指离家不远的周大爷家。妈妈敲开周某的门，问他是否了解女儿下午发生了什么事情。神色慌张的周某支支吾吾，答非所问。妈妈顿时感觉不对，急忙跑回家检查宋薇的身体，结果发现其敏感部位有明显红肿的迹象。恍然大悟的妈妈迅速报案，最终周某以猥亵儿童罪被逮捕。

案例来源

2015 年 1 月 9 日，在江西省井冈山市发生了一起老年人强制猥亵智障少女的案件。该案审讯过程中，59 岁的犯罪嫌疑人刘某对自己的犯罪事实供认不讳。案发后，刑警侦查大队对 17 岁的未成年少女小雨（化名）进行了性防卫能力和精神发育情况的鉴定，据此认定该少女患有精神病，属于无民事行为能力人，不具有性防卫能力。刘某的工作是在一处工地照看施工材料，正在巡视的刘某看到智障女小雨在独自玩耍，眼看四周无人，便起了色心。刘某在与小雨交谈后，得知其父母暂时不在工地，就以看动画片为由将小雨骗进其居住的工棚，对其进行了强制猥亵。晚上回到工地的哥哥发现小雨被猥亵，立即报警。[1]

法律警钟

◎ 法条索引

1. 《刑法》第二百三十七条规定：以暴力、胁迫或者其他方法强制猥亵妇女或者侮辱妇女的，处五年以下有期徒刑或者拘役。

聚众或者在公共场所当众犯前款罪的，或者有其他恶劣情节的，处五年以上有期徒刑。

猥亵儿童的，依照前两款的规定从重处罚。

2. 《残疾人保障法》第三条规定：残疾人在政治、经济、文化、社会和家庭生活等方面享有同其他公民平等的权利。

[1] http://daan.cpd.com.cn/n157198/c27346507/content.html.

残疾人的公民权利和人格尊严受法律保护。

禁止基于残疾的歧视。禁止侮辱、侵害残疾人。禁止通过大众传播媒介或者其他方式贬低损害残疾人人格。

3.《妇女权益保障法》第四十一条规定：禁止卖淫、嫖娼。

禁止组织、强迫、引诱、容留、介绍妇女卖淫或者对妇女进行猥亵活动。

禁止组织、强迫、引诱妇女进行淫秽表演活动。

◎ 普法课堂

猥亵儿童罪，是指猥亵不满 14 周岁儿童的行为。本罪侵犯的对象是不满 14 周岁的儿童，包括男童和女童。

强制猥亵、侮辱妇女罪，是指以暴力、胁迫或者其他手段，违背妇女意志，强制猥亵、侮辱妇女的行为。这里的妇女限于年满 14 周岁的未成年或成年女子。

猥亵，是指以追求性刺激为目的，以暴力或者胁迫的方式使对方不能反抗，用性交以外的方式对受害人的性自主权的侵害，使对方感到厌恶、反感的不受欢迎的行为。

这里的猥亵是以构成猥亵罪为前提的，对此我国《刑法》作了明确规定，其表现方式为抠摸、搂抱、亲吻或者公开堵截等。

一般的猥亵行为不构成犯罪，其本质具有非强制性。我国《治安管理处罚法》第四十四条规定，猥亵他人的，或者在公共场所故意裸露身体，情节恶劣的，处 5 日以上 10 日以下拘留；猥亵智力残疾人、精神病人、不满 14 周岁的人或者有其他严重情节的，处 10 日以上 15 日以下拘留。

《刑法》专门把猥亵儿童单独规定为一个罪名，法定刑较重，就是为了打击性侵儿童的犯罪活动，保护儿童的合法权益。其中，这里的"儿童"是指不满 14 周岁的未成年人，不仅包括女童，也包括男童。

▶ | 自护小贴士

　　本案中，周某为了满足自身的性需求和性刺激，在明知宋薇存在智力障碍的情况下，利用其不具有性防卫能力而对其实施性侵害，其行为违反了我国《刑法》第二百三十七条规定的猥亵罪。猥亵儿童的，法律明确规定了要从重处罚。本案中由于宋薇属于无民事行为能力人，辨认和控制能力较差，不具有反抗能力，所以即使周某在实施猥亵过程中并没有使用暴力或者胁迫的手段，也构成猥亵罪。周某在外人看来为人正直、和善，是个热心肠的人。在其伪善面具的遮掩之下，周围的邻居都对周某赞不绝口，甚至宋薇一家也曾经和周某相处得不错。狡猾的周某之所以把侵害目标放在宋薇身上，很大程度上是由于他了解到宋薇属于中度智障，对于自己对其实施的性侵害，没有辨认和控制能力，这些都利于自己轻而易举地实施犯罪行为。如果宋薇谨遵父母的教导，不轻易相信外人，不随意跟随外人，可能会避免这场噩梦的发生，但最为残酷的便是世间没有如果的存在。

　　假如我们不幸遭受到了猥亵，应该怎样做呢？

　　1. 心理方面。受到性侵后的孩子往往会留下心灵创伤，我们要及时和家长沟通，把自己的压力与恐惧释放出来；同时家人也要及时干预和抚慰内心受伤的孩子，避免负面影响长期存在，切不可掉以轻心，因为心灵创伤严重者会发展为抑郁症或者精神病。

　　2. 生理方面。如我们出现身体不舒服或者疼痛的情况，一定要及时告知家长；作为父母也要时刻关注孩子的身体变化，避免出现伤口感染或者怀孕等现象。

　　3. 精神方面。我们要尽快调整自身情绪，尽量让自己的情绪保持稳定；同时父母要知晓此时的孩子分外脆弱，他们需要的是更多的爱与关怀，而不是责骂、审问或者蔑视。

》 测一测

通过上述案例，同学们有没有增长一些关于如何防范猥亵的知识呢？请分别回答下列问题。

A. 假如有人摸你的胸部、大腿或者下体，我们应该怎么做？

B. 假如有人让你摸他的敏感部位，我们应该怎么做？

C. 假如你一个人在家，这时有位叔叔敲门，自称是爸爸的朋友带你出去玩，是否开门跟随出去？

D. 假如受到性侵后，犯罪嫌疑人威胁你不许告诉家人或者不能报警，请问我们是否要按照他的话保持沉默？

第三节　罪恶的双手

▶ 案例链接

立春过后的第一场雨来得尤为及时，晶莹剔透的雨淅淅沥沥滴下来，如丝如缕，伴有些许清凉。房檐下的主人热热闹闹地准备着饭菜，他们 8 岁的女儿卢嘉茜望着窗外，羡慕地看着大街上的小伙伴拿着雨伞玩耍。

"妈妈，我想和小朋友们一起玩，她们看起来好开心！"卢嘉茜瞪着大眼睛，带着撒娇的语气央求妈妈。妈妈看看窗外，天色还没有黑，便随口答应道："你这小丫头啊，就是调皮，带上雨伞去玩吧，记得只允许玩半个小时哦。"得到妈妈允许后，卢嘉茜开心地带着心爱的小雨伞跑向大街。孩子们撑着各自的小伞，来回追逐，调皮地踩着地上的水坑，激起水花四溅。天真的她们并没有意识到，危险正在慢慢靠近。

远处的一棵树后，一双邪恶的眼睛紧盯着这些小朋友，不时发出"啧啧"的声音。据后来调查，该人姓李，名三刚，马鞍山人，家里有五个兄弟。由于家庭贫困，排名老三的李三刚不得不外出打工挣钱，来到了完全陌生的杭州市。年近四十的李三刚到现在还没有娶媳妇，务工生活也不如意，心中备感郁闷。"我倒要做出一番惊天动地的事情来，让你们都记住世界上还有我这个人。"李三刚暗想。此时的他似乎把侵害的目标定在了一位年龄较小、身板瘦弱、乖巧可爱的小女孩儿身上。他想象着得手后的情景，嘴上不时露出坏笑，脸上也随之浮出诡异的表情。

"卢嘉茜，快来追我呀。"小朋友边喊边往那棵大树跑去。等待许久的李三刚，终于有机可乘了。卢嘉茜跑到大树后，猜想自己找到小朋友了，结果却是一副狰狞的面庞出现在她眼前。"叔叔，您好！请问看到我的小伙伴了吗?"卢嘉茜被李三刚吓了一跳，却还是礼貌地问道。"就是刚刚那位和你个子差不多高的胖男孩子吧? 叔叔悄悄告诉你，他往那边跑去了。"李三刚假装热心回答道，手指顺势指向那边更远的方向。就在卢嘉茜跑到离家较远的一条马路上时，李三刚伺机挟持她，将其嘴捂住，佯装抱着她，若无其事地迅速走到了一条偏僻小道。"叔叔，求求你放开我，我没有做错事情，你为什么要欺负我?"觉察到危险的卢嘉茜一下子就慌了，连忙嘶喊起来，"救命，救命啊!"凄厉的声音弥散在偏僻的小道上空，不幸的是没有一个人经过。李三刚脱下自己的衣服，手指在卢嘉茜幼小的身体上游走，并不时掐住她的脖子以掩盖她的呼救声。愈加兴起的李三刚点上一根烟，往卢嘉茜身上不停地戳去，甚至把正在燃烧的烟头塞进了她的下体。可怜的卢嘉茜受尽了李三刚惨无人道的虐待，遍体鳞伤的她已经处于半昏迷状态。李三刚又多次性虐待卢嘉茜，并用树枝和石头损伤她的下体。最后，李三刚实施完性侵行为，便逃之夭夭了。满身是伤的卢嘉茜，弯着腰拖着备受摧残的身躯向灯光处走去，遇见一位好心人护送才得以顺利回家。

卢嘉茜的父母看到她时惊呆了，只见女儿满身是伤，裤子上布满了血迹，可想而知女儿之前遭受了多大的折磨。满怀心疼与愤怒的父母连忙把女儿送到了医院。经医生检查发现，卢嘉茵身上多处烧伤，颈部有明显的掐痕，下体严重损伤。更为不幸的是，精神上受到刺激和惊吓的卢嘉茵，出现了精神恍惚的症状，幼小的心灵烙下了恶魔的印记。由于父母报案及时，犯罪嫌疑人李三刚最终被抓获。

▶ 案例来源

备受关注的"幼女小雪惨遭性虐待"案件在沈阳市中级人民法院宣判，犯罪嫌疑人徐某因对受害人小雪进行性虐待，其手段残忍、态度恶劣而被一审判处死刑，附带民事赔偿共计5.1万元。徐某自感罪孽深重，表示不上诉。2003年4月20日，刚上小学三年级的9岁女孩小雪本来是下楼锁自行车，结果却意外失踪了六个多小时，最后路人发现了满身是血的小雪。据小雪讲述，其遭受到了非常严重的性虐待。犯罪嫌疑人徐某不仅对小雪实施了性侵害，还使用棍棒、石头、烟头对其下体进行伤害。犯罪嫌疑人将小雪蹂躏得遍体鳞伤，导致小雪下体损伤极为严重，伤口也受到感染，并伴有精神恍惚的症状。[1]

▶ 法律警钟

◎ 法条索引

1. 《刑法》第二百三十六条规定：以暴力、胁迫或者其他手段强奸妇女的，处三年以上十年以下有期徒刑。

奸淫不满十四周岁的幼女的，以强奸论，从重处罚。

强奸妇女、奸淫幼女，有下列情形之一的，处十年以上有期徒刑、无期徒刑或者死刑：（一）强奸妇女、奸淫幼女情节恶劣的；（二）强奸妇女、奸淫幼女多人的；（三）在公共场所当

---

〔1〕 http：//www.chinacourt.org/article/detail/2003/11/id/90116.shtml.

众强奸妇女的；（四）二人以上轮奸的；（五）致使被害人重伤、死亡或者造成其他严重后果的。

2.《未成年人保护法》第四十一条规定：禁止拐卖、绑架、虐待未成年人，禁止对未成年人实施性侵害。

禁止胁迫、诱骗、利用未成年人乞讨或者组织未成年人进行有害其身心健康的表演等活动。

◎ **普法课堂**

性虐待，是指行为人为满足性需求和性快感，在性侵前或者性侵进行时，采用类似殴打等极端方法对受害者进行身体上的摧残。性虐待的表现形式主要分为以下两种：

1. 行为表现。施虐者一般采用捆绑、手掐、嘴咬、撕扯、卡喉、鞭打等极端方式对施虐对象的肉体进行折磨和摧残。在以极端暴力为手段的性虐过程中，很容易引起受害人重伤或死亡的后果。其中这里的"重伤"是指造成妇女或者幼女的身体受到较大伤害，以及对其性器官的严重损伤。

2. 精神折磨。施虐者一般用恶毒的言语对受害者实施精神上的刺激，包括侮辱、谩骂、挑衅等手段。其言语不堪入耳，并伴有胁迫和性歧视的内容。其手段往往会给受害者造成强烈的刺激，受其折磨严重的受害者甚至会不堪压力和屈辱患上精神病或者出现自残、自杀的情况。这里的后果包括在《刑法》第二百三十六条第五项规定的"造成其他严重后果"中。

性虐待的法律后果：在定罪方面，我国《刑法》明确规定，对在强奸过程中造成的重伤和伤亡，以强奸罪一罪处罚；量刑方面，必须从重处罚。如果在强奸过后，为毁灭罪证而行凶杀人的，以强奸罪和故意伤害罪数罪并罚。

≫ **自护小贴士**

在本案例中，面对年仅 8 岁的卢嘉茜，李三刚痛下毒手，对其残忍地实施性虐待。卢嘉茜幼小的心灵遭受了非人的摧残，阴暗的记忆始终无法抹去。由此导致卢嘉茜事后害怕见到陌生人，不敢去学校上课，甚至出现精神恍惚等症状。

通过该案例，我们来分析一下卢嘉茜哪些做法不当才让坏人有机可乘。首先，卢嘉茜忘记了家人的嘱咐，没有按时回家；其次，在玩耍过程中，卢嘉茜跑向了离家较远的马路边；最后，卢嘉茜在见到陌生人后，随意和陌生人搭话，并且轻易地相信了对方的谎话。

父母常教导我们，不要轻易和陌生人讲话，更不要轻易接受食物。现实生活中很多小朋友因为不听家人的嘱咐而惨遭迷奸。社会上的人形形色色，我们未成年人很难凭外貌去辨别出一个人的好与坏，所以只能通过保护好自己，才能避免成为性侵的受害人。

如果不幸地被陌生人挟持性侵，我们应该采取哪些办法自救呢？（1）保持清醒的头脑，沉着冷静，观察、熟悉周围环境，为逃脱做准备；（2）尽量和犯罪嫌疑人周旋，拖延时间，等待时机向路人求助；（3）大声呼救，顽强抵抗，如果周围有利器或者棍棒，趁机给对方要害部位致命打击；（4）表面服从，在对方脱衣时攻其裆部，使其丧失性侵能力；（5）留意犯罪嫌疑人的体貌特征、衣着、毛发及口音，保全证据。

》| 测一测

通过上述故事，同学们学到了性侵预防与自救的方法了吗？现在考一考大家学习应变的能力吧。请快快转动你的大脑，分别回答以下所列问题吧！

A. 请说出哪些地方我们应避免独自前去；

B. 请说出一天中哪些时间不适合小朋友独自出行；

C. 请罗列遭遇坏人性侵时的一些自救小方法；

D. 请说出面对挟持时，应当如何自护。

第四节　不能不说的秘密

▶ 案例链接

　　期中考试成绩终于出来啦！大家拿着试卷互相探讨着各自的班级名次。有些同学欢呼雀跃，也有一些同学满脸沮丧。一向成绩优异的沈纯甄在这次考试中仍然独占鳌头，她沉浸在欢喜之中。与之前不同，更让她欣喜的是白老师说要请她吃饭，以此表示对她优秀表现的赞扬和奖励。

　　"沈纯甄同学，你这次的成绩排在我们班第一名，是同学们学习的榜样，也是老师的骄傲！"放学后，白老师走到沈纯甄座位旁，自然而然地把手放在她肩膀上，以示鼓励和关爱。

　　听到老师的一番话，沈纯甄心里满是感动，好久都没有人关心过她的学习和生活了。由于沈纯甄的父母常年在外打工，只有过年期间回家，所以倍感孤独的她在受到老师的一番称赞之后，心里充满了对老师的信任和敬慕。沈纯甄满怀感激地说道："谢谢白老师的教导，您的话就是对我最大的鼓励。"

　　听到沈纯甄真心满满的回答后，白老师心里一阵窃喜，心想这是一个好机会。"为了表扬你在班级里的出色表现，老师想特地为你在饭馆庆祝一下！"白老师继续假意用真诚的口吻诱导沈纯甄一步步迈入他的圈套。

　　平时独自一人生活的沈纯甄许久没有好好吃上一顿大餐了，有时在家里也只是草草地煮些充饥的饭菜。听说这次老师会请她大吃一顿，沈纯甄这只小馋猫早已迫不及待了。

　　两人在黄迪路口会合后，沈纯甄便随同白老师前往一家很偏僻的饭馆。饭桌上，白老师热情地给她夹菜，沈纯甄边吃边讲道："谢谢白老师对我的鼓励和关爱，我感觉您就和父母一样，以后我会努力学习，绝对不辜负老师的期望。"看到已经对自己深信不疑的沈纯甄，白老师以为计谋就要得逞，暗自庆幸。饭后，白老师便提出要和沈纯甄一起散步回家。

三月的北方毫无一丝春意，冬天仍未退去，冷风肆虐着大街上的行人。白老师将沈纯甄的小手揣入口袋，紧紧地握住，并解释道："你这丫头啊，要学会照顾自己，虽然已是春天，但是天气寒冷，瞧你的小手都冻红了，老师帮你暖暖。"本来因为白老师突兀的行为而受到惊吓的沈纯甄，听到老师的解释之后，心里消除了警惕和疑虑，反而内心生出一丝对老师怀疑的愧疚感。

在经过一处偏僻的闲置空房处，白老师突然一把搂住沈纯甄，将其拉扯到空房内，并随手锁上破旧的门。"白老师，您干什么呢？放开我！我是您的学生啊！"还没等到沈纯甄把话说完，白老师已经把她按倒在地，开始撕扯她的衣服。看到沈纯甄在剧烈反抗，白老师马上露出恶毒的表情，威胁道："如果你再大声喊叫，我就把这件事告诉同学们，看谁会相信你？别人只会嘲笑、蔑视你。"听到白老师恶狠狠的威胁后，沈纯甄顿时绝望了，再也不敢发出一点儿响声。白老师把手伸向她的身体，肆意地触摸起来，沈纯甄感觉难以忍受的阵阵剧痛传来。事后，白老师带着满脸的凶恶大声呵斥道："如果你将这件事情讲出去，我就捅死你。"此时的沈纯甄已经处在满是恐惧和惊吓的状态中，她不禁低声哭泣起来。

在接下来的几个月里，白老师为了满足自己的私欲，对沈纯甄软硬兼施，一边对其威胁恐吓，一边又送其礼物。他曾经多次夜晚潜入沈纯甄居住的地方，对这个可怜的女孩实施性侵害。随着白老师的折磨日益加剧，沈纯甄最终难以忍受下去，便鼓起勇气将此事告诉了关系很好的堂姐。震惊的堂姐随后立即将事情原委告知了沈纯甄的父母。白老师的丑恶罪行，最终暴露于世并受到了应有的惩罚。

▶ 案例来源

2010 年 5 月，安徽省霍邱县警方接到一位家长的报案，称其 14 岁女儿在两个月前被强奸。在警方展开侦查之时，犯罪嫌疑人潘某主动投案。潘某为某小学六年级的老师，在走访过程中，邻居、同事、亲戚评价其为人忠厚老实，性格内向，工作认真负责。该案的受害对象为 14 岁的吴子慧（化名），她因父母都外出务工而一个人独自生活。带着虚伪面具的潘某在观察后，将目标锁定在无依无靠的吴子慧身上，迅速着手精心设计犯罪阴谋，吴子慧由此受到了恶魔的侵害。在得手之后的几个月里，潘某伺机多次侵入吴子慧居住的房屋对其进行强奸，其罪行最后被揭露。[1]

▶ 法律警钟

◎ 法条索引

1.《刑法》第二百三十六条规定：以暴力、胁迫或者其他手段强奸妇女的，处三年以上十年以下有期徒刑。

奸淫不满十四周岁的幼女的，以强奸论，从重处罚。

强奸妇女、奸淫幼女，有下列情形之一的，处十年以上有期徒刑、无期徒刑或者死刑：（一）强奸妇女、奸淫幼女情节恶劣的；（二）强奸妇女、奸淫幼女多人的；（三）在公共场所当众强奸妇女的；（四）二人以上轮奸的；（五）致使被害人重伤、死亡或者造成其他严重后果的。

2.《未成年人保护法》第十九条规定：学校应当根据未成年学生身心发展的特点，对他们进行社会生活指导、心理健康辅导和青春期教育。

第六十三条第一款规定：学校、幼儿园、托儿所侵害未成

---

[1] http://look.people.com.cn/GB/21674/21717/11687350.html.

年人合法权益的，由教育行政部门或者其他有关部门责令改正；情节严重的，对直接负责的主管人员和其他直接责任人员依法给予处分。

◎ **普法课堂**

强奸是一种以违背妇女意志为前提，以追求刺激或者快感为目的，通过使用暴力、威胁、逼迫的手段使被害人不能反抗、不知反抗或不敢反抗而进行的性犯罪行为。

性侵对象为幼女时，行为人用暴力或者胁迫的手段构成强奸罪，利用欺骗和引诱的手段，致使幼女主动与之发生性关系，不影响本罪的成立。

强奸的表现形式：

1. 以暴力为典型手段使受害人达到不能反抗的程度。这里的暴力通常是指以捆绑、殴打、按倒等方式对受害人实施性侵犯。

2. 以威胁、逼迫的方式使受害者产生恐惧、害怕的心理而不敢反抗，当事人的关系一般表现为主从或隶属关系，如老师和学生、上级和下级、长辈和晚辈。

3. 以其他非暴力手段实施的性侵害。该手段虽不具有暴力性，但足以使受害人不知反抗，违背妇女的性自由，带有强制性的实施奸淫行为。

其中，违背妇女意志的判断标准是受害人是否失去了对自身性自由的控制。在醉酒、麻醉或者被打晕的情况下，如果受害者没有明确拒绝，不代表该妇女同意与其性交，此种情况视为强奸。

▷ **自护小贴士**

在本案例中，长期一个人居住的沈纯甄同学，由于缺乏生活上的思想教育和关爱，而被白老师表露的善意所蒙蔽，产生了可能影响其一生的危害后果。我们探讨一下当事人沈纯甄同学在该案例中的行为表现吧。

　　沈纯甄同学性格内向、为人淳朴，但处事优柔寡断。面对白某伪装的善意，她没有快速认清其背后隐藏的恶意，反而对其充满了感激和敬畏。案例中，白某就是抓住沈纯甄这一性格特征，给予其关爱和馈赠，循序诱导她掉入自己早已精心设计好的陷阱。在发现白某的丑陋面目后，沈纯甄同学因为担心事情传开而放弃反抗和向外界求救的机会。经验老到的白某以为经过周密的安排和部署事情就不会败露，但是想到沈纯甄最初的激烈反抗，白某在实施完毕侵害行为之后又采取了要挟的方式，声称此事如有泄露定将其捅死。在白某的暴力和胁迫下，沈纯甄便将此事埋藏在心底。胆小怕事的沈纯甄没有及时将情况告知父母，也没有报警，才导致白某伺机多次潜入其住处对其实施奸淫。

　　针对本案例，我们来总结一些关于预防性侵的小知识吧。（1）要知法、懂法，增强自身的法制观念；（2）尽量避免夜晚独行，不去偏僻冷清的角落；（3）结识新朋友要先了解其为人品行，不要单独赴约；（4）如有老师或者男性同学以交流、辅导和玩耍等理由邀请到住处、宾馆或者隐蔽的地方，要结伴赴约或者及时表明自己的态度，敢于拒绝。

　　强奸是侵犯当事人的人身权利的犯罪，所引起的危害触及人身和心理双重伤害，所以使受害者从生活阴影中走出来需要事后的持续性关注。一方面，注意受害者的身体变化，如怀孕、生理结构变化等。另一方面，父母、学校和民政部门三方协同合作观察、跟踪受害者的精神状态，时刻关注其有无精神萎靡或焦虑的症状，尤其是注意其是否存在自残、自杀的异常情况。

▶ | 测一测

　　通过上述学习，大家有没有从中受到教育呢？利用学到的性侵防范知识，我们来做一道选择题吧。请选择下面所列容易受到性侵的行为对象。

　　A. 性格内向、胆小怕事、不敢吭声的女生；

B. 衣着暴露、行为不检点、轻浮不自爱的女生；

C. 性格爽朗、处事果断的女生；

D. 夜晚独自外出、约会男性友人的女生。

》| 电影推荐

本章节向同学们推荐一部韩国电影——《素媛》。

这是一部由韩国导演拍摄的关于儿童性侵题材的电影，该电影是根据在韩国发生的一起儿童遭受强奸的真实案例改编而来。主人公素媛在上学途中遭遇一位猥琐醉汉的强奸，身体和心灵都受到了摧毁性的打击。更令人心寒的是，面对这个遭遇不幸的女孩，周围的邻居却指指点点，蔑视着这一家人，无良媒体也大肆渲染。但是作为素媛的父母，在女儿遭受变故后，给予了极大的关心和爱护，帮助素媛走出阴影，回归到正常的生活中。素媛能否结束自己的悲剧之旅呢？我们一同来观看吧。

检察官在为中学生上法制课

第三章

性侵的危害

本章导读

　　近年来，随着儿童性侵事件的不断曝光，社会大众对儿童性侵害的关注度越来越高。在前面的章节中，我们分别介绍了儿童性侵害的主要类型。而在本章中，我们主要通过四个小故事说明儿童性侵对孩子身体及心灵造成的伤害以及如何避免危害结果的扩大化，保护孩子们的身体和心灵健康成长。

第一节　难以启齿的秘密

看似寻常的一天，县医院却迎来了一位不寻常的病人——刘静宜。之所以说不寻常，是因为刘静宜今年只有 13 岁，却被检查出患有严重的妇科病。医生在递交检验结果给刘静宜母亲的时候，忍不住责怪了一句："你这个妈怎么当的？都不知道好好保护女儿！"刘静宜的母亲颤抖着接过检验报告，在看到上面的检验结果时，面对医生的指责，感到非常悔恨，反复地自言自语："是我对不起女儿，我应该早一些知道的，是我没保护好她。"随后，刘静宜母亲向当地公安机关报案，并陪同刘静宜向公安机关说明了事情的经过。

刘静宜一直生活得无忧无虑，可是这样平静的生活终止于一年前的一个周末。那天中午，刘静宜从涵涵家里回来，走到小区的便利店门口前时，突然想起家里的洗衣粉快用完了，于是走进了便利店。

一进店门，刘静宜便对认识的店长马老板说："马叔叔，我家里没洗衣粉了，帮我拿一包洗衣粉哦。""哦，是静宜啊，稍等，叔叔给你拿。"马老板一边回答，一边转身拿了一包洗衣粉。递给刘静宜时，马老板报价说道："洗衣粉一包，8 块钱。"刘静宜听到价钱，摸了摸口袋想要拿钱付账，发现自己早上出来得太急，忘记带钱了，不禁吐了吐舌头，对马老板说："马叔叔，我忘记带钱了，你等一会儿，我现在就回去给你拿。"

马老板看着可爱伶俐的刘静宜，心里就起了一股邪火，怎么都压不下去，看着刘静宜的眼神也变了，粗着嗓音对她说：

"没事，叔叔这边有点事情要你帮帮忙，你帮了叔叔，这包洗衣粉就送给你了。"刘静宜想了想就答应了，于是跟着马叔叔进了里屋。

可没想到，刚进了里屋，马老板就迅速把门带上。此时，刘静宜没来由地感到一阵害怕，转身就想离开。这时候马老板露出狰狞的一面，强行抱住刘静宜，把她往床上一扔，喘着粗气，开始撕扯她的衣服。刘静宜吓得刚要大叫，却立即被马老板捂住嘴巴，并恶狠狠地威胁道："老实点，你要敢叫，我就弄死你，你家人也跑不掉。"刘静宜听到后信以为真，颤抖着放弃了反抗，任由马老板强暴了她。事后，马老板板起脸警告她说："你要是敢把今天的事情跟别人说，你和你家里人一辈子都会让别人看不起。你父母工作这么辛苦，还让人看不起的话，就算我不动手，他们也会活不下去。你如果逼急了我，我一样会杀死他们。"刘静宜的脸顿时变得惊恐起来，马老板得意地点点头，让她离开了。

在之后的一年里，每逢周末，刘静宜都会去马老板店里，为了家人的"安全"，她不得不承受马老板一次次的性侵。刘静宜的性格因此变得越来越沉闷，经常做噩梦，或者突然就哭起来。忙碌的父母并没注意到刘静宜的变化，只当是孩子长大了有了自己的心事，而且孩子一向懂事，他们担心贸然发问会引起孩子反感。刘静宜的身体渐渐起了变化，身上的异味越来越浓，小伙伴们都不愿意和刘静宜一起玩了，说刘静宜臭。刘静宜很害怕，为了不让家里人知道，她一直坚持自己清洗衣物。直到有一天，刘静宜得了重感冒，妈妈在清洗她的衣物时发现她的内裤上有异常的污渍，并且散发出严重的异味。妈妈马上感觉事情不对劲，赶紧将女儿迅速送医，这才让真相暴露了出来。

≫ 案例来源

2014 年冬天，乔欢在妈妈的陪伴下去医院做了妇科检查，结果才发现这个年幼的女孩长期遭受性侵害的事实。她的身体已经遭受了严重伤害，并且患有妇科病，在发现情况后，乔欢的父母及时向警方报了案。

经查，警方最终将犯罪嫌疑人锁定为某小区的一名物业工作人员，该工作人员与乔欢父亲相熟，利用该关系在三年里多次性侵乔欢。目前，该物业工作人员已被刑事拘留。[1]

》 法律警钟

◎ 法条索引

1. 《关于依法惩治性侵害未成年人犯罪的意见》第十条规定：公安机关接到未成年人被性侵害的报案、控告、举报，应当及时受理，迅速进行审查。经审查，符合立案条件的，应当立即立案侦查。

公安机关发现可能有未成年人被性侵害或者接报相关线索的，无论案件是否属于本单位管辖，都应当及时采取制止违法犯罪行为、保护被害人、保护现场等紧急措施，必要时，应当通报有关部门对被害人予以临时安置、救助。

第二十五条规定：针对未成年人实施强奸、猥亵犯罪的，应当从重处罚，具有下列情形之一的，更要依法从严惩处：……（三）采取暴力、胁迫、麻醉等强制手段实施奸淫幼女、猥亵儿童犯罪的；……（六）造成未成年被害人轻伤、怀孕、感染性病等后果的；……

第三十一条规定：对于未成年人因被性侵害而造成的人身损害，为进行康复治疗所支付的医疗费、护理费、交通费、误工费等合理费用，未成年被害人及其法定代理人、近亲属提出赔偿请求的，人民法院依法予以支持。

---

〔1〕 景冀：《性侵幼女三年 五旬保安被刑拘》，《华商报》2015 年 1 月 5 日。

第三十四条规定：对未成年被害人因性侵害犯罪而造成人身损害，不能及时获得有效赔偿，生活困难的，各级人民法院、人民检察院、公安机关可会同有关部门，优先考虑予以司法救助。

2.《民法通则》第一百一十九条规定：侵害公民身体造成伤害的，应当赔偿医疗费、因误工减少的收入、残废者生活补助费等费用；造成死亡的，并应当支付丧葬费、死者生前扶养的人必要的生活费等费用。

◎ 普法课堂

1. 什么是性病？什么又是妇科病？

性病，全称是性传播疾病，又称性传染病。其具有易传染性，传播途径依赖于性行为，且若发现和救治不及时，会对人的生殖器官造成危害，轻则导致不育，重则会影响心脏与大脑的功能，甚至会造成死亡。性病有很多种，其中有些性病一旦感染上，就极难被治愈。

妇科疾病是女性常见病，通常不难治愈，但由于很多女性对自身身体的情况不清楚，对异常情况的处理不恰当，再加上对妇科疾病的了解不足，从而导致妇科病不能及时得到治愈，给学习、工作和生活带来很大的麻烦，为女性朋友增添了不必要的烦恼。

2. 为什么在被性侵后要及时报告父母或者警察？

首先，被性侵后很大可能会患上性病或妇科病。因为未成年人的身体发育并不成熟，当受到暴力性侵或数次被性侵后，很容易感染性病或妇科病。

其次，未成年人对身体状况的了解不是特别清楚，一些轻微的症状很容易被忽视，得不到及时的治疗，进而使得症状加重。

最后，因为性侵案件的证据收集存在一定的困难。如果不及时与其他人沟通，则难以收集证据，使得犯罪分子得不到应有的惩罚。

所以，当不幸受到性侵害后，不要慌张和害怕，为了保护自己的身体，获得及时的治疗，同时也为了让犯罪分子得到应有的惩罚，我们应当及时告知父母或者警察真实情况，千万不要因为害怕而耽误了治疗身体疾病和惩治犯罪的最佳时机。

》 | 自护小贴士

同学们，性侵对身体的造成损害是非常严重的。首先，性侵过程中通常会伴有暴力行为，容易对身体造成伤害，轻者瘀肿，重者大出血，甚至会因此导致死亡。其次，被性侵后会引起一些身体疾病，比如各种性病或是妇科病等。最后，被性侵后也会引发各种症状，比如头痛、腹痛、睡眠障碍（总被噩梦惊醒或者睡不着）、饮食障碍（暴饮暴食、厌食等）。所以，了解性侵害的危害对于我们防止性侵害或消除性侵害的影响是十分重要的。

性侵害的危害如此之大，最重要的当然是尽量避免这些危害。为了不让不法分子有机可乘，就一定要做到不轻信他人，不轻易与他人单独处在一个与外界相对隔离的地方，尤其是要小心看似熟悉的人的邀请。因为这些是与你很熟悉的人，对你的性格特点有一定了解，会利用你的恐惧心理采取有针对性的措施让你不敢告发。案例中的刘静宜对马老板的诱骗没有足够的警惕心，这时候她应该果断拒绝马老板并且回家，因为让我们进入一个与外界相对隔离的房间的邀请是非常危险的。所以，当我们出门玩的时候，尽量不要让自己独自处于危险的地方，即不与陌生人相约去与外界相对隔离的地方（如出租屋、深山、KTV 等），保证自己的人身安全，对于一些容易把自己置于危险境地的邀请应该学会判断并且勇于拒绝。

如果不幸受到侵害，我们应该勇敢地向父母或者警察告发坏人的行为。因为在未成年人性侵害犯罪中，作案者往往利用未成年人涉世未深或者生活经验不足等特点，以相应的言语威胁、恐吓被害人。比如，在案例中马老板威胁刘静宜说要杀死她全家，而单纯的刘静宜居然相信了马老板的话，致使其多次遭受性侵，最终导致身体状况进一步恶化。在这样的情况下，小朋友们应该勇敢地告诉父母或者警察自己的状况，避免自己的身体反复受到侵害而导致更严重的后果，让自己及时得到帮助和救治，依靠父母和警察的力量将罪犯绳之以法。

另外，在不幸遭到性侵之后，应该及时告知父母、老师，或向当地公安局、人民法院、人民检察院报案。如果性侵导致了自己身体受到伤害，还可以与父母或其他监护人一起向人民法院起诉，请求人身损害赔偿，要求加害者赔偿医药费等费用。如果赔偿不及时，自己家里又无力承担医疗费用，还能向当地司法机关（公安局、人民法院、人民检察院）申请司法救助，让他们会同有关部门，及时地帮助自己。

▶ 测一测

这一节的故事主要说的是性侵害对身体的损害，下面我们来做个小测试，考一考大家对本节知识的掌握程度。

A. 小花被邻居"欺负"了，身体很疼很难受，她应该怎么做？

B. 华叔叔邀请露露去深山里找怪兽，露露应该怎么做？

C. 小倩长期被村里的老人"欺负"，患上了难以启齿的"病"，她害怕丢脸不敢告诉任何人，她这么做对吗？如果不对，那么她应该怎么做呢？

D. 小熙被邻居性侵后导致身体受到伤害，她家里很穷，负担不起医药费，这时候她应该怎么办？

第二节　忍气吞声的恶果

▶ 案例链接

　　曾巧芬今年9岁，生活在一个贫困山区，父母均外出打工了，爷爷过世得早，家里全由年迈的奶奶操持着，是典型的"留守家庭"。曾巧芬的性格比较内向，但令奶奶欣慰的是，曾巧芬学习成绩一直很棒，家里的墙上贴满了各式各样的奖状。每当家里来客人都会称赞曾巧芬，这时奶奶满是皱纹的脸上都会笑成一朵花。

　　冬天的一个傍晚，放学后，曾巧芬像往常一样走着，边走边掰着手指数着爸妈回来的日子，脸颊上的酒窝情不自禁地露了出来。走到村头的时候，正巧碰到了在树下休息的刘伯伯。刘伯伯看到巧芬，笑着打了个招呼，并问她："巧芬啊，想看电影吗？待会儿叫上源源和欣欣，伯伯给你们放电影。"听到这里，曾巧芬想起上次和其他小朋友一起在刘伯伯家里看的《变形金刚》，那种新鲜刺激的视觉感受让巧芬记忆犹新。想到这，曾巧芬马上答应了下来，立马跑进了刘伯伯家里，等着其他小伙伴到来后一起看电影。

　　过了一会儿，只有刘伯伯独自一人进屋。看着曾巧芬疑惑的眼神，刘伯伯闪烁其词地解释道："源源和欣欣说过一会儿再来，我怕你无聊，先给你放电影。"内向的巧芬看到没有其他小朋友一起过来，感到有些羞怯和手足无措，站了起来，想要离开。此时刘伯伯笑呵呵地说："今天的电影比上次的好看多了，特刺激，而且我只放给你看哦。"巧芬听到这里，对刘伯伯口中称赞的电影的好奇战胜了内心的羞怯，她决定留下来。刘伯伯见状，就开始播放电影，然后趁她不注意，悄悄地把门反锁了起来。

电影播放后，曾巧芬看到屏幕上并没有出现像上次《变形金刚》那样恢宏壮观的场面，反而看到电影里的人物一上场就开始脱衣服。此刻，巧芬终于明白这所谓的"特刺激的电影"是什么了，顿时脸红如血，慌忙站了起来，就要跑开。而这时，看似和蔼的刘伯伯露出了狰狞的面目，一把抱住巧芬。巧芬拼命反抗，捶打着刘伯伯，可年幼的她又如何是刘伯伯的对手，最终刘伯伯还是强暴了她。

从那天起，奶奶便发觉孙女好像变了个人似的，动不动就发脾气，原本就内向的孙女变得更加内向，经常把自己反锁在屋子里，动不动就发呆一整天。奶奶看在眼里，急在心里，但是又不敢去问曾巧芬发生了什么，因为只要一问起，她就开始发脾气摔东西。即使是期待已久的父母回来，也没能改变巧芬的这种状况，一家人对她的变化手足无措，这个新年也过得索然无味。

新年过后，事情进一步恶化，曾巧芬的表现越来越暴躁，原来关系要好的小朋友也都不愿意跟她一起玩了，说她乱打人，有精神病。而更让家人担心的是，曾巧芬居然有了自杀的倾向，留下了一封"遗书"。看到这封"遗书"后，曾巧芬的父母和奶奶感觉事态严重，但依旧不知道该如何去做。

而在这时，曾巧芬的班主任温老师上门来家访。原来温老师也感觉到巧芬出了问题，她在学校里不仅越来越内向而且暴躁，学习成绩也越来越差了。温老师向曾巧芬的父母了解情况后，专门请来了心理老师对曾巧芬进行心理疏导。在心理老师的多次疏导下，曾巧芬的心理防备渐渐放松了，最后对心理老师道出实情。温老师知道真相后，赶紧通知了曾巧芬的家人，终于将刘某绳之以法。

▶ 案例来源

　　犯罪嫌疑人刘坚，利用自身与受害人父母的亲近关系，降低了受害人对其的防范心理，于 2013 年 1 月，趁受害人父母不在的时候进入受害人的房间，在不顾受害人反对的情况下强行猥亵年仅 16 岁的受害人，给受害人的身心带来严重的伤害，造成受害人自杀未遂及罹患精神病的严重后果。

　　法院一审认为，刘坚的行为构成强制猥亵妇女罪，且造成严重后果，判处其有期徒刑 4 年，并判令刘坚赔偿受害人共计 3 万元。

▶ 法律警钟

◎ 法条索引

　　1.《关于依法惩治性侵害未成年人犯罪的意见》第七条规定：各级人民法院、人民检察院、公安机关和司法行政机关应当加强与民政、教育、妇联、共青团等部门及未成年人保护组织的联系和协作，共同做好性侵害未成年人犯罪预防和未成年被害人的心理安抚、疏导工作，从有利于未成年人身心健康的角度，对其给予必要的帮助。

　　第二十五条规定：针对未成年人实施强奸、猥亵犯罪的，应当从重处罚，具有下列情形之一的，更要依法从严惩处：……（4）对不满十二周岁的儿童、农村留守儿童、严重残疾或者精神智力发育迟滞的未成年人，实施强奸、猥亵犯罪的；……

　　2.《未成年人保护法》第四十九条规定：未成年人的合法权益受到侵害的，被侵害人及其监护人或者其他组织和个人有权向有关部门投诉，有关部门应当依法及时处理。

　　第五十一条第一款规定：未成年人的合法权益受到侵害，依法向人民法院提起诉讼的，人民法院应当依法及时审理，并适应未成年人生理、心理特点和健康成长的需要，保障未成年人的合法权益。

3.《最高人民法院关于确定民事侵权精神损害赔偿责任若干问题的解释》第一条规定：自然人因下列人格权利遭受非法侵害，向人民法院起诉请求赔偿精神损害的，人民法院应当依法予以受理：（1）生命权、健康权、身体权；（2）姓名权、肖像权、名誉权、荣誉权；（3）人格尊严权、人身自由权。

违反社会公共利益、社会公德侵害他人隐私或者其他人格利益，受害人以侵权为由向人民法院起诉请求赔偿精神损害的，人民法院应当依法予以受理。

◎ 普法课堂

小朋友们，上面的法律条款和司法解释突出体现了我国法律对被性侵的未成年人心理健康的重视。我们国家对未成年人的保护不仅仅是生理上的保护，更要从心理上保护未成年人，为什么要这么做呢？这是因为性侵会造成未成年受害人的心理创伤，而这些心理创伤往往比身体上的伤害更加难以治愈。

那么，所谓被性侵犯后的心理创伤，是如何表现的呢？心理创伤主要表现为以下四方面：（1）病态性恐惧、回避、自责及焦虑；（2）烦恼、敏感、注意力不集中；（3）抑郁、低自尊、人际交往障碍；（4）容易发生各种危险行为（如滥用药物、过早的性行为、有自杀意念和自杀企图、故意或慢性自我伤害、有意外事故倾向等）。

▶ 自护小贴士

小读者们，被性侵的危害可不仅仅体现在身体上，其对心灵上的危害也是十分严重的，甚至可以被认为是最主要的伤害。受害者最初可能表现为恐惧、抑郁、药物滥用等，更严重者会出现抑郁症、自闭症等，甚至有可能一辈子生活在性侵害所带来的阴影当中。

那么，在了解性侵害对心灵造成创伤的伤害后，我们结合案例来说明如何避免或者如何更快走出心灵的创伤，避免更严重的伤害。首先，案例中巧芬的警惕心还是有的，但是显然还不够，在看到刘某家里没人后，她就应该果断离开，而不应该继续逗留，因为这是十分危险的。其次，在事情发生后，刘某威胁巧芬，实际上他只是外强中干的纸老虎，他也在害怕巧芬把事情说出来，所以才装出凶神恶煞的样子。小朋友们不要被坏人凶恶的外表迷惑，千万不能因为害怕威胁而保持沉默，只有告诉家人或者警察，才能得到最好的保护。最后，巧芬出于恐惧或者羞耻的心理，不敢也不愿说出被性侵的事实，导致心灵创伤一直得不到治愈，最后差点走上绝路，这是十分不明智的行为。

通过分析案例，我们知道在遭受性侵后不能闭口不谈，这样只会导致结果的恶化，不仅犯罪分子得不到应有的制裁，自己心灵上的伤口也不会痊愈。我们应该勇敢地说出来，向周边的人寻求帮助，这样才能更好地保护自己，从而治愈心灵上的创伤。当然，我们也可以主动向当地人民法院起诉，以加害者侵犯了自己的一般人格权为理由，让他承担精神损害赔偿责任。

》| 测一测

小朋友们，大家都已经迫不及待地要做测试了吧？下面是一道情景模拟题，请选出你认为做得不对的行为。

茹茹被坏人性侵了，现在她很苦恼，她将会这么做：

A. 坏人威胁她要是告密就杀了她，茹茹很害怕，不敢告诉警察，但还是偷偷告诉了最好的朋友琴琴；

B. 茹茹觉得自己很"脏"，故意去做一些很危险的事情，好让自己受伤或者死掉，认为这是最好的净化；

C. 茹茹觉得这件事情不能说出去，幻想让时间冲淡一切；

D. 茹茹觉得非常迷茫，于是匿名去了一家心理机构，把自己的情况说出来向心理专家咨询。

第三节 风雨飘摇的心灵

▶ 案例链接

初一（二）班的欧阳筱雨重新返回学校的第一天，觉得周围的气氛让她很不舒服。同学们看她的眼神都十分怪异，这让她感到十分惊惧和尴尬，她觉得周围说话的声音都那么刺耳，仿佛所有人都在对她指指点点："看，她就是被罗老师强奸的欧阳筱雨。"再想到之前转学的请求被父母拒绝，欧阳筱雨突然生出一股绝望的情绪，她缓缓站起，走上天台，纵身一跃，这一刻她只想着结束自己正处于花季的生命。

事情的起点是在两个星期前。那天放学后，罗老师把欧阳筱雨单独叫了出来，以布置作业为借口，将欧阳筱雨骗到他的家里，并强暴了她。筱雨回到家里后，向父母道明了一切。筱雨的父母知道筱雨的遭遇后立即报警，随后派出所控制了罗某，罗某也供述了自己的罪行。所有人都认为，此事到这里应该会告一段落，但是对于欧阳筱雨来说，噩梦并没有就此终结。

在派出所里录口供的时候，面对民警和众多围观的人，筱雨感到紧张不安，所以当回答民警的提问时，她变得语无伦次，父母当时就着急了，忍不住对她吼道："让你说，你就说。你不说，警察怎么知道？怕什么怕！"面对父母的吼叫，筱雨的眼泪一下子就下来了。但越是这样，欧阳筱雨越说不出话，只是一个劲地哭，最后没办法，民警就让欧阳筱雨先回家平复心情改天再来做笔录。当天晚上，欧阳筱雨怎么也睡不着觉，一闭上眼睛就想起被罗老师强暴的情形，吓得她在被窝里瑟瑟发抖。

第二天，欧阳筱雨终于没那么紧张了，做好笔录后，她感觉非常疲惫，因为每次想起当时的情景她都会感到惊惧不安，现在她只想回到家好好睡一觉，快点让这场噩梦过去。可没想到，刚回到家里，父母接了一个电话，便又把她带了出来，说是有记者要来采访。欧阳筱雨十分不情愿，但最终乖巧的她还是按照父母的意思去和记者见了面。面对黑黑的镜头和记者"盘问"式采访，欧阳筱雨内心很抵触，她真的不想再回忆那段噩梦，但是回头看了看父母焦急与鼓励的眼神，她暗叹了一口气，颤抖着向记者讲述了事情经过。

很快这次采访的报道便见诸报端了，记者为了增加说服力和真实性，居然在报道中把欧阳筱雨的名字和家庭地址都标注出来了。一时间，整个小县城的人几乎都知道了欧阳筱雨的遭遇。亲戚朋友们纷纷上门安慰筱雨，接着自然而然地询问起事情的经过，当然，还是要问欧阳筱雨这个"当事人"。欧阳筱雨的父母这时候也觉得不对劲了，觉得这么做好像不太好，但是也不好意思拒绝这些上门安慰的亲戚朋友，而筱雨的伤口在亲戚朋友的所谓"安慰"下再次撕裂，血淋淋的暴露在空气中。

欧阳筱雨慢慢地忍受不了这样的生活，她开始害怕上学去面对昔日的同窗和老师，所以向父母提出了转学的请求。但是小县城只有那么一所重点中学，父母不希望欧阳筱雨离开重点中学去其他的普通中学，而且家里也没经济条件让筱雨转学到外地。所以，他们跟筱雨道出了他们的无奈，希望她继续在原来的学校上学。看着父母已经泛起皱纹的额头，懂事的筱雨最终点点头，不再提出转校的要求。

在得知欧阳筱雨跳楼重伤的消息之后，父母如遭雷击，赶到医院，看着病床上的欧阳筱雨，回想起之前的情形，终于明白了小小年纪的欧阳筱雨在被性侵后的这些天里又遭遇了怎样的二次伤害，悔恨不已……

▶ 案例来源

2013 年，网上曝光了一则震惊全国的社会新闻，即"校长开房事件"。海南万宁某小学的校长与该市某政府单位工作人员带数名小学女生开房。事件曝光后引起了社会舆论的谴责，目前，涉案的两名嫌疑人已经被警方刑事拘留。

但该案的后续影响仍不止于此，由于无良媒体的"深挖"，大量受害儿童的个人信息遭到公开，从而使得事件中涉及的受害儿童遭到了打着"关爱"名义的"二次伤害"。[1]

▶ 法律警钟

◎ 法条索引

1. 《未成年人保护法》第三十九条第一款规定：任何组织和个人不得披露未成年人的个人隐私。

2. 《关于依法惩治性侵害未成年人犯罪的意见》第五条第一款规定：办理性侵害未成年人犯罪案件，对于涉及未成年被害人、未成年犯罪嫌疑人和未成年被告人的身份信息及可能推断出其身份信息的资料和涉及性侵害的细节等内容，审判人员、检察人员、侦查人员、律师及其他诉讼参与人应当予以保密。

第十四条规定：询问未成年被害人，审判人员、检察人员、侦查人员和律师应当坚持不伤害原则，选择未成年人住所或者其他让未成年人心理上感到安全的场所进行，并通知其法定代理人到场。无法通知、法定代理人不能到场或者法定代理人是性侵害犯罪嫌疑人、被告人的，也可以通知未成年被害人的其

---

[1] 许兰：《海南万宁校长带小学生开房》，《新闻晚报》2013 年 5 月 14 日。

他成年亲属或者所在学校、居住地基层组织、未成年人保护组织的代表等有关人员到场，并将相关情况记录在案。

询问未成年被害人，应当考虑其身心特点，采取和缓的方式进行。对与性侵害犯罪有关的事实应当进行全面询问，以一次询问为原则，尽可能避免反复询问。

3.《侵权责任法》第二条规定：侵害民事权益，应当依照本法承担侵权责任。

本法所称民事权益，包括生命权、健康权、姓名权、名誉权、荣誉权、肖像权、隐私权、婚姻自主权、监护权、所有权、用益物权、担保物权、著作权、专利权、商标专用权、发现权、股权、继承权等人身、财产权益。

4.《最高人民法院关于确定民事侵权精神损害赔偿责任若干问题的解释》第一条规定：自然人因下列人格权利遭受非法侵害，向人民法院起诉请求赔偿精神损害的，人民法院应当依法予以受理：（1）生命权、健康权、身体权；（2）姓名权、肖像权、名誉权、荣誉权；（3）人格尊严权、人身自由权。

违反社会公共利益、社会公德侵害他人隐私或者其他人格利益，受害人以侵权为由向人民法院起诉请求赔偿精神损害的，人民法院应当依法予以受理。

◎ **普法课堂**

看到这里，小朋友们可能会有点疑惑，既然国家制定了这么多保护未成年人隐私的条款防止二次伤害，那到底什么是二次伤害呢？

二次伤害，顾名思义，就是受到了第二次伤害，即指已经受到伤害后，由于各种原因在已受伤的情况下再次受到伤害。二次伤害的表现形式很多样，以之前的故事为例，二次伤害包括媒体对被害人的不正当报道或对被害人信息的泄露，还包括家人不正确的情绪和态度，民警工作中过于着急的询问，亲戚朋友的态度和询问方式，同学们的排斥情绪，等等，这些都对性侵受害人筱雨的心灵造成了二次伤害。

二次伤害所造成的后果是难以估量的，反复翻开孩子被伤害的回忆，会加深孩子的恐惧感。尤其是经过不负责任的报道之后，使得孩子的个人隐私大量暴露，会严重破坏孩子的生活环境，使得孩子的孤独感加深，容易产生出极端的情绪，轻则变得敏感、自闭，重则使得孩子走上绝路。

在未成年人性侵的案件中，二次伤害通常表现为对未成年人隐私权的侵犯。那么，什么是隐私权呢？

隐私权，是世界各国普遍认同的一种权利，属于基本人格权的范畴。具体是指自然人对自己的私生活或个人信息的秘密，能根据自己的意愿，决定是否对他人公开，并决定公开的范围。当然，在没有决定公开的情况下，自然人的隐私是依法受到保护的，不被他人以非法的手段侵犯，这里的侵犯不仅包括刺探与收集，还包括对隐私进行利用，或在不经隐私权利人允许的情况下进行公开。也就是说，我们不愿意公开的，不愿意他人知道的，就属于隐私权的保护范围。所以，对于一些采访和询问，如果我们感到有隐私暴露的风险，可能会将我们不愿意让其他多数人知晓的个人隐私暴露出去，我们是有权利拒绝回答的。

▶ 自护小贴士

小朋友们，被性侵已经是非常不幸的事，但是之后的二次伤害可能会造成更为严重的后果，二次伤害本身的严重程度甚至可能超越性侵本身带来的伤害，所以，学习如何避免二次伤害非常有必要。当然，小朋友们也可以让你们的家长一起来学习，因为避免二次伤害，光靠自己的力量是不够的。

通常来说，未成年人性侵案中的二次伤害主要是指当事人之外的第三人对未成年人隐私权的侵犯。以本案为例，在筱雨遭受性侵之后，她面对民警的询问很紧张，因为旁边有着众多的围观群众。这时候，筱雨与父母都有权要求民警进行"清场"或换到一个相对让筱雨感到安全的地点再进行询问，以避免对筱雨产生二次伤害。再后来对于媒体的采访，筱雨和筱雨父母都有权拒绝接受采访或者拒绝由筱雨直接出面，可以由父母来代替。对于报道内容，父母也有权要求记者保护筱雨的隐私。如果记者的报道透露了个人隐私，筱雨与父母还有权要求报社承担赔偿责任。对于亲戚所谓的"安慰"，筱雨感到不安后应该及时向父母提出来，可以拒绝他们的"善意"。而作为性侵受害人的父母，也应该在此时充分尊重孩子的意愿，包括之后筱雨提出的转学要求，父母原则上应当支持，实行有困难的，也应当先行办理休学手续，给予筱雨心灵创伤恢复的时间。实际上，民警、记者、亲戚朋友对筱雨造成二次伤害的行为，就是对筱雨隐私权的侵犯。

在遭遇性侵之后，我们应该保持一个良好的情绪和心态，要经常和父母交流自己的想法，告诉他们自己愿意或者不愿意接受各式各样的询问，对于一些不必要的回答，要勇敢地说不，敢于拒绝。这不仅仅是自己意愿的问题，更是我们在捍卫自己隐私权的体现。

如果你是性侵受害者的亲人、同学或朋友，请树立正确的观念，应该多给予受害人关心和爱护，而不是议论和排斥，不要过多地去询问对方的隐私，尊重他人的隐私权。

值得一提的是，若是二次伤害的情形已经发生，并造成损害的，则可以以隐私权被侵犯为由向人民法院提起诉讼，请求精神损害赔偿。这类诉讼属于民事诉讼，需要当事人或其法定代理人（父母或其他监护人）主动提起诉讼，否则是没办法主张权利的。

> | 测一测

小朋友们，经过本节的学习，相信大家对二次伤害已经有了一定的了解，那么下面我们来做一个测试。请问，你认为下面哪种情形属于二次伤害？

素素不幸被歹徒性侵了，她感到非常迷茫和惊恐。

A. 父母很为女儿伤心，同时也觉得很丢脸，边哭边骂素素："你为什么不逃跑？为什么不反抗？"

B. 某某日报记者在采访被性侵的素素后发布了一篇报道，用了化名，但是对素素的家庭住址、学校、班级等全部如实报道；

C. 公安机关的警察穿着便服去素素家里了解情况；

D. 素素的朋友一直在安慰素素并且给她带了很多好吃的。

第四节　刻骨铭心的往事

▶ 案例链接

　　范花琪是小镇里有名的"大姐大"，小镇里的居民谈起她来都深恶痛绝。终于有一天，一位长期被欺压的商户壮起胆子向警方提供了范花琪的一些犯罪证据，警方随即逮捕了范花琪。在审讯过程中，范花琪供述了一起故意杀人案，被害人是从小将她养大的大伯。据范花琪供述，这位大伯曾对她进行多次性侵。而正是来自大伯的性侵害导致范花琪性情大变，从一个成绩优异的"模范生校花"一步步变成众人皆怕的"大姐大"。

　　自幼父母双亡的范花琪，一直由独居的大伯抚养。范花琪学习很努力，在15岁的时候考上了县城里的重点高中。由于成绩优异，性格大方开朗，范花琪被选为班长，而她也不负众望，班干部工作做得十分出色。加上本身长相出众，明眸皓齿，她私下里被同学们称为县中学的"模范生校花"。

　　国庆节到了，学校放假7天，范花琪兴奋地乘车从学校回到小镇的家中，心里隐隐激动："好久没回家了，不知道大伯他给我准备了什么好吃的。"大伯膝下无子，平时一直把范花琪当亲生女儿，对她好得不得了。范花琪也很感恩大伯，这次回家之前还专门在县里用奖学金买了一个钱包要送给大伯。

下车后，范花琪兴奋地朝家里走去。路过一个拐角时，突然一只大手在身后将一块湿漉漉的白布蒙在了范花琪的脸上，随后她就失去了意识。

等范花琪醒过来时，她感觉浑身无力，而且下身剧痛无比，此时她才意识到自己被性侵了。而这时候，门打开了，范花琪急忙躺下装睡，眼睛睁开一条缝朝门看去。这不看还好，一看连她自己都无法接受："怎么会是大伯！"原来，开门进来的正是他大伯，大伯蹑手蹑脚地走了进来，拿起落在屋子里的包包，转身就要离去。突然听到床上一阵响动，他惊骇地回头一看，发现自己的侄女正含着泪看着他。大伯见状，急忙跪在范花琪面前，请求侄女原谅并道出原委：由于他独居太久，苦闷难耐，今天多喝了点酒后突然有些血气上涌，当时也没认出范花琪，迷倒后才发现是她，但是那时候已经控制不住自己了，所以才发生了这件事。

范花琪看着跪在自己面前哭得像个孩子的大伯，想起以前大伯对自己的种种好，她心软了起来，一声叹息后就原谅了他。可没想到的是，时隔6个月后，趁范花琪难得回一次家的时候，大伯再次对她伸出了黑手。而这时，大伯已经彻底撕下了伪善的面具，再次性侵范花琪，得手后还一副厚颜无耻的样子，理直气壮地说："我把你养大，这恩情你还不清，让你做什么就做什么。"范花琪看着面目狰狞的大伯吓得眼泪直掉。她明白，以前那个自己最敬爱的大伯已经变了，或者是她终于看清了他本来的面目。

在今后的几年内，大伯多次性侵范花琪，而范花琪对大伯的恐惧和憎恨也在疯狂的滋长。在这样的心理作用下，范花琪像变了一个人似的。她变得敏感、多疑，再也不愿相信任何人，并且抱着自暴自弃和自残的心理，拼命地去做一些危险的事，沾染毒品，打群架，混"社团"，渐渐变成了小镇上的"大姐大"。而后，怀着报复的目的和憎恨之情，范花琪精心制造了一场"意外"，夺走了大伯的生命。

民警在听到范花琪的自白后，不由得叹了一口气，没想到这位作恶多端，镇上的居民欲除之而后快的"花姐"居然也有着这样令人唏嘘的过去。

▶ 案例来源

2014 年 2 月 27 日，最高人民法院召开新闻发布会公布了十起涉家庭暴力典型案例，其中之一如下：

凤凤自小被养父浩军收养，但在 2007 年冬天的一个晚上，凤凤亲手把刀刺入了养父的心脏，将其杀害。原来，浩军虽然身为凤凤的养父，却根本没有作为父亲的觉悟，从小就打骂凤凤。更过分的是，浩军在凤凤 11 岁的时候就起了邪念，不顾她的反抗多次对其进行性侵犯。身心严重受到伤害的凤凤心底的憎恨和仇恨疯狂滋长，最终将浩军杀害，走上了不归路。

▶ 法律警钟

◎ 法条索引

1. 《未成年人保护法》第六条规定：保护未成年人，是国家机关、武装力量、政党、社会团体、企业事业组织、城乡基层群众性自治组织、未成年人的监护人和其他成年公民的共同责任。

对侵犯未成年人合法权益的行为，任何组织和个人都有权予以劝阻、制止或者向有关部门提出检举或者控告。

国家、社会、学校和家庭应当教育和帮助未成年人维护自己的合法权益，增强自我保护的意识和能力，增强社会责任感。

第十一条规定：父母或者其他监护人应当关注未成年人的生理、心理状况和行为习惯，以健康的思想、良好的品行和适当的方法教育和影响未成年人，引导未成年人进行有益身心健康的活动，预防和制止未成年人吸烟、酗酒、流浪、沉迷网络以及赌博、吸毒、卖淫等行为。

2.《关于依法处理监护人侵害未成年人权益行为若干问题的意见》第三条第一、二、三款规定：对于监护侵害行为，任何组织和个人都有权劝阻、制止或者举报。

公安机关应当采取措施，及时制止在工作中发现以及单位、个人举报的监护侵害行为，紧急情况时将未成年人带离监护人。

民政部门应当设立未成年人救助保护机构（包括救助管理站、未成年人救助保护中心），对因受到监护侵害进入机构的未成年人承担临时监护责任，必要时向人民法院申请撤销监护人资格。

3.《关于依法惩治性侵害未成年人犯罪的意见》第七条规定：各级人民法院、人民检察院、公安机关和司法行政机关应当加强与民政、教育、妇联、共青团等部门及未成年人保护组织的联系和协作，共同做好性侵害未成年人犯罪预防和未成年被害人的心理安抚、疏导工作，从有利于未成年人身心健康的角度，对其给予必要的帮助。

第二十五条规定：针对未成年人实施强奸、猥亵犯罪的，应当从重处罚，具有下列情形之一的，更要依法从严惩处：（1）对未成年人负有特殊职责的人员、与未成年人有共同家庭生活关系的人员、国家工作人员或者冒充国家工作人员，实施强奸、猥亵犯罪的；……（3）采取暴力、胁迫、麻醉等强制手段实施奸淫幼女、猥亵儿童犯罪的；……

◎ 普法课堂

据调查，在未成年遭受性侵的案例中，大部分都是熟人作案，加害者包括老师、邻居、亲戚、继父母甚至是亲生父母。一般来说，加害者与未成年人相比通常处于强势地位，很容易对孩子形成心理压迫，再配合口头的威胁，使遭受性侵的孩子不敢检举揭发加害者。这样一来，很容易让孩子在更长时间内遭受后续的多次侵害，孩子被性侵后的心理创伤得不到及时的治愈，心理、性格、价值观等发生不良的变化，从而造成更大的危害，甚至影响孩子的一生。这就是未成年人被性侵后所造成的严重后果，具体表现为：

1. 未成年人被性侵，特别是被熟人性侵后，很容易造成安全感缺失的状态。如果得不到及时的纠正，其很容易患上自闭、抑郁等心理疾病，严重者甚至会产生自杀的念头。

2. 加害者在作案前后，往往通过某种物质条件对孩子进行引诱或者补偿，这会让孩子形成一种暗示，即"性"可以换"面包"，可以用性进行交易等，这会影响孩子今后的价值观，使得孩子的性观念错位。

3. 未成年人被性侵后，如果得不到及时的疏导，长期处于紧张恐惧状态下其会通过一些危险行为来缓解自己的紧张情绪，如自残、打架等。长此以往，孩子会处于心理失衡、道德失范、行为失控等状态，甚至会产生犯罪倾向。

综上可见，性侵害对受害未成年人的未来危害如此之大，所以我们必须树立正确的性观念，主动学习法律知识，保护自己。我们在不幸遭遇侵害后，要勇敢地把事情说出来，让自己得到及时的帮助和救治，也让犯罪分子得到应有的惩罚。

〉 自护小贴士

小朋友们，看到这里，是不是觉得有点害怕呢？原来被性侵后处理不当还会影响到我们的未来人生。是的，因幼时遭受虐待而走上犯罪道路的例子比比皆是，而对于未成年人性侵害来说，在侵害的危害结果产生初期如果没处理好，心灵创伤迟迟得不到治愈，随着时间的推移，往往会造成抑郁、自闭的心理疾病，或是产生不恰当的观念，如滥交、自残、自杀的行为等，更严重者会产生报复社会的心理。

以本案为例，范花琪遭受伯父的性侵之后，她本应当及时向当地公安局、人民法院或人民检察院报案，这不只是证据留存使伯父得到应有惩罚的问题，更是关乎自己心理健康的问题。因为她自幼父母双亡，而监护人是伯父，如果不及时处理这件事，很容易因为伯父的强势地位而使自己再次受到侵犯，使得心理上的创伤不断恶化，导致更为严重的后果。后来伯父再次侵犯范花琪，这时候她应该意识到之前的宽恕并没有起到作用，此时让伯父得到法律的惩罚已经刻不容缓，只有这样才能让自己尽快回归正常健康的生活状态。令人遗憾的是，范花琪却作出了不明智的选择，她并没有用法律武器保护自己，而是选择憎恨，亲手"惩罚"了伯父，自己也因此受到了法律的制裁。正是由于范花琪被性侵的心理创伤迟迟得不到治愈，最终才由一个学习成绩优异的"模范生校花"堕落成了小镇的"恶霸"，不得不令人惋惜。

我们要做到树立正确的性观念，首先，要对性有一定的了解，包括对一般性知识及与性侵犯相关法律规定的了解，即用正确的性观念与法律知识武装和保护自己。其次，我们在遭到性侵害后，必须在第一时间寻求帮助。如果单一渠道不能帮助到自己，则要寻求其他渠道的帮助，具体的渠道有父母、老师、邻居、村（居）委会以及当地的公安局、人民检察院和人民法院等，绝对不能选择隐忍来处理事情，这样反而会害了自己。最后，我们还要多与自己信赖且亲近的人沟通，告诉他们自己的想法。我们也可以选择去专业的心理咨询机构，把自己的近况等进行说明，千万不要把苦闷都憋在心里。与此同时，我们还要心怀美好和希望，相信这个世界上坏人终究是少数，真正爱护你、保护你的人还很多，敞开胸怀，与人为善；相信再多的不幸都会过去，而美好幸福的未来终将到来。

▶ 测一测

通过本节的学习，我们一起来做个测试，看看大家掌握得怎么样了。

A. 依依被养父长期性侵，她应该怎样寻求帮助？

B. 某大领导的儿子用刀子逼着华韵，让她别动，然后一边大肆摸着她的身体，一边大声威胁道："在这块地儿，我爹就是法，法管不了我。"你认为他的话对吗？为什么？

C. 叔叔答应给可可买新手机，条件是让他摸一摸。可可想了想，反正上次叔叔给她买衣服后就都已经摸过自己了，再摸一摸也无所谓。请问她这样的想法对吗？

D. 柳柳被村口代销店老板性侵了，亲戚们都劝她和她的父母忍忍就算了，别把事情闹大了，此时柳柳应该怎么做？

▶ 电影推荐

本章向读者们推荐一部关于留守儿童被性侵的电影——《如果树知道》。

《如果树知道》是中国首部关注留守儿童性侵的公益电影。这部影片主要讲述了山区留守女童杨小莲在遭遇同村光棍性侵后的故事。在遭遇性侵后，杨小莲终日为噩梦所折磨，但迫于光棍对她的威胁，她把痛苦和恐惧都埋藏在内心深处，不敢对他人说起，只能将自己的委屈和痛苦"告诉"大树。后来，细心的支教老师发现了小莲的异常，在其坚持不懈的努力下终于明白了小莲的不幸遭遇。但出乎意料的是，当老师告诉小莲的家人这件事之后，他们却因为害怕丢脸而选择了隐忍。这样的隐忍没为小莲带来任何的好处，反而让光棍更加肆无忌惮。最后，忍无可忍的小莲和家人终于选择了报案，光棍也受到了法律的制裁。

在这部电影里，主人公小莲和她的家人经历了从"不敢说"到"羞于说"，再到最后勇敢地站出来指认凶手的思想转变，这一转变过程告诉我们这么一个道理：对坏人的隐忍就等于对自己的伤害。所以，我们要学好法律知识，这样在我们遇到坏人或者其他困难的时候，才能更好地保护自己。

青秀区检察院和方园社区"儿童家园"
开展结对共建、爱心互赠活动

本章导读

　　通过学习前面的几章内容，相信大家已经对性侵行为有了基本的认识。本章我们将继续了解家庭背景下发生的具体性侵行为，学会在受到伤害的时候怎么保护自己。家庭性侵是指发生在家庭内部的一种性侵行为。由于家庭性侵的发生地较为封闭，如果受害者不能有效地向外界求助，该不法行为很难被公安机关发现。所以，学会在面临家庭性侵时如何自我保护就显得尤为重要了。

第一节　成长的迷茫

　　韦玮的父母离婚了，韦玮跟随父亲一起生活。自从离婚后，韦玮的父亲脾气就变得很暴躁，经常酗酒并且会在喝醉后毒打韦玮。每次挨打之后，韦玮都强忍住不哭，也不敢把挨打的事情告诉别人。韦玮的懦弱却让爸爸变本加厉，殴打韦玮越来越频繁，并渐渐地以此为乐。

　　某一天，喝完酒回到家的韦爸爸又一次拉着韦玮不停地打。在殴打的过程中，韦玮的衣服被撕坏了，破碎的衣服激起了离婚多时的韦爸爸的欲望。韦爸爸一把抓住韦玮对其一阵乱摸，并打算脱掉她的衣服。此时的韦玮吓坏了，她不敢还手，只能牢牢地抓住自己的衣服。可她那无力的反抗更加刺激了韦爸爸，韦爸爸喊道："你要是不听话，我就把你扔出去，以后都没人管你了。"无助的韦玮在韦爸爸的威胁下不敢动了，只能呆坐在那里。

　　过了一会儿，韦爸爸的欲望大涨，打算与韦玮发生进一步的关系，但遭到了韦玮的强烈抵抗。韦玮不停地用力推开爸爸，爸爸顿时愤怒起来，大声骂道："你是我的女儿，要是再不听话，我就不要你了，看你一个人在外边怎么活！"这句话对韦玮来说无异于五雷轰顶，"妈妈已经不要我了，要是爸爸再不要我，那我可怎么办啊？"韦玮思绪翻滚起来。害怕被爸爸遗弃的韦玮不敢再动了，只能哭泣着任由韦爸爸摆布。在韦玮无助的啜泣声中，韦爸爸强奸了韦玮。事后韦爸爸还威胁韦玮："你是我的女儿，我想对你怎么样都是天经地义的，你要是敢把今天的事情说出去，我就打死你！"

第二天放学回到家后，也许是因为内疚，韦爸爸当天晚上没有喝酒，还做了一大桌子韦玮喜欢吃的菜，并且承诺以后不会再对韦玮那样了，希望能够得到韦玮的原谅。韦玮看着表情诚恳的父亲，经过一阵内心纠结后，善良的她最终还是决定原谅父亲。原本以为这事到这里就可以结束了，爸爸还是那个曾经爱她的爸爸，韦玮还是那个天真的小孩子。可是事与愿违，没过多久，韦爸爸又开始酗酒，在酒精的催动下，韦爸爸又一次强奸了韦玮，并在事后把韦玮毒打了一顿，威胁她不能把这事告诉别人。没有人可以倾诉，也不知道该向谁寻求帮助，韦玮只能默默地忍受这一切。

自此以后，韦爸爸变得更加肆无忌惮了，隔三差五就会喝得酩酊大醉然后回家强奸韦玮。韦爸爸一次又一次对韦玮的侵犯彻底伤透了她脆弱的心灵。韦玮开始变得沉默寡言，经常坐着发呆，学习成绩也随之一落千丈。慢慢的，韦玮不再是当初那个成绩优异的"三好学生"了。韦玮也曾想过要离家出走，离开这个让她心痛的地方，离开这个让她难过的父亲，可是她才12岁，身边也没有其他亲人，不知道自己该怎么办，只能在夜晚一个人默默地流泪。

最终，韦玮的异常引起了邻居们的注意，邻居们发现韦爸爸对韦玮实施性侵犯后，立马到公安机关报案。公安机关经过调查确认了韦爸爸强奸韦玮的事实，韦爸爸对其强奸行为也供认不讳。韦爸爸最终受到了应有的惩罚，韦玮也在警方的协调下得到了妥善的安置。如今韦玮身上的伤口已经痊愈了，但她心灵上的伤口却不知道什么时候才能愈合。

▶ 案件来源

2013年2月的一天，被告人张某趁儿子小民上学之际，在租住的出租屋内采用暴力手段，强行对亲生女儿小蕾进行奸淫。

几个月后，张某在上述出租屋内再次采用暴力手段，强行与小蕾发生了性关系。更令人发指的是，其后张某采取胁迫手段，长期对小蕾实施奸淫，并且每次奸淫后，还殴打小蕾，威胁她不许对外说，否则就要她的命，小蕾因害怕而屈辱忍受。事情最后被邻居发现，邻居立即向公安机关报案，张某被公安机关抓获归案。[1]

》法律警钟

◎ 法条索引

1.《关于依法办理家庭暴力犯罪案件的意见》第五条规定：积极报案、控告和举报。依照刑事诉讼法第一百零八条第一款"任何单位和个人发现有犯罪事实或者犯罪嫌疑人，有权利也有义务向公安机关、人民检察院或者人民法院报案或者举报"的规定，家庭暴力被害人及其亲属、朋友、邻居、同事，以及村（居）委会、人民调解委员会、妇联、共青团、残联、医院、学校、幼儿园等单位、组织，发现家庭暴力，有权利也有义务及时向公安机关、人民检察院、人民法院报案、控告或者举报。

公安机关、人民检察院、人民法院对于报案人、控告人和举报人不愿意公开自己的姓名和报案、控告、举报行为的，应当为其保守秘密，保护报案人、控告人和举报人的安全。

2.《关于依法处理监护人侵害未成年人权益行为若干问题的意见》第三十五条规定：被申请人有下列情形之一的，人民法院可以判决撤销其监护人资格：（1）性侵害、出卖、遗弃、虐待、暴力伤害未成年人，严重损害未成年人身心健康的；（2）将未成年人置于无人监管和照看的状态，导致未成年人面临死亡或者严重伤害危险，经教育不改的；（3）拒不履行监护职责长达

〔1〕《人民法院报》2014年2月8日。

六个月以上，导致未成年人流离失所或者生活无着的；（4）有吸毒、赌博、长期酗酒等恶习无法正确履行监护职责或者因服刑等原因无法履行监护职责，且拒绝将监护职责部分或者全部委托给他人，致使未成年人处于困境或者危险状态的；（5）胁迫、诱骗、利用未成年人乞讨，经公安机关和未成年人救助保护机构等部门三次以上批评教育拒不改正，严重影响未成年人正常生活和学习的；（6）教唆、利用未成年人实施违法犯罪行为，情节恶劣的；（7）有其他严重侵害未成年人合法权益行为的。

3.《关于依法惩治性侵害未成年人犯罪的意见》第二十一条规定：对幼女负有特殊职责的人员与幼女发生性关系的，以强奸罪论处。

对已满十四周岁的未成年女性负有特殊职责的人员，利用其优势地位或者被害人孤立无援的境地，迫使未成年被害人就范，而与其发生性关系的，以强奸罪定罪处罚。

第三十三条规定：未成年人受到监护人性侵害，其他具有监护资格的人员、民政部门等有关单位和组织向人民法院提出申请，要求撤销监护人资格，另行指定监护人的，人民法院依法予以支持。

4.《刑法》第二百三十七条规定：以暴力、胁迫或者其他方法强制猥亵妇女或者侮辱妇女的，处五年以下有期徒刑或者拘役。

聚众或者在公共场所当众犯前款罪的，或者有其他恶劣情节的，处五年以上有期徒刑。

猥亵儿童的，依照前两款的规定从重处罚。

◎ 普法课堂

奸淫幼女，是指行为人与不满 14 周岁的幼女发生性关系的行为。犯罪情节一般的，在 3 年以上 10 年以下有期徒刑的幅度内从重处罚。犯罪情节严重恶劣的，处10年以上有期徒刑、无期徒刑或者死刑。根据我国现行《刑法》的规定，该罪名现已并入强奸罪中。

由于幼女在智力和生殖器官的发育方面都尚处于不成熟的状态，其对于性交的性质、后果缺乏辨认能力，身体对性交行为也缺乏承受力，所以应该对幼女的身心健康进行特殊保护。正是基于幼女的生理、心理和智力发育状况，《刑法》规定只要明知是幼女而与之发生性交的，就构成强奸罪，而不论幼女是否同意，行为人是否采用了暴力、胁迫或者其他手段。

》| 自护小贴士

通常而言，发生在家庭内部的性侵案一般都是从家庭暴力开始的，作案人一般都是被害人的长辈，而且大多数都是被害人的监护人。他们作为未成年人最为信任的人，往往能够控制被害人的人身自由，是被害人的经济支柱和精神支柱，所以作为未成年人的被害人会在心理上对作案人有依赖感。作案人往往就是利用这种依赖感来威胁被害人，迫使被害人放弃对其的抵抗。而且作案人对被害人实施侵犯后会使被害人陷入迷茫的状态，产生孤立的感觉，不知道该如何获得帮助。另外，由于被害的未成年人一般是与作案人一起生活的，作案地点通常都是在共同生活的家里，这就使得作案人的施暴行为不易被外人察觉，从而导致作案人无法受到及时有效的惩罚，被害人也无法得到及时的救助。

正如本案，作案人韦爸爸以"不要你了"为要挟，迫使在经济上处于弱势地位且心智尚不成熟的女儿韦玮出于对被抛弃的恐惧而不敢反抗其暴行。受害人韦玮在受到侵犯后，由于施暴人是自己的亲生父亲而陷入迷茫，找不到可以求救的人。此时的韦玮需要正视一个问题，那就是对作案人的容忍其实就等于是促使他再次实施犯罪。正是韦玮面对韦爸爸的侵害没有选择向外界求助，才导致自己后来受到一次又一次的伤害。韦玮只有在遭受到侵害后立即报警或向身边的人寻求帮助，才能真正保护自己。

所以，未成年人要学会自我保护，对他人的侵害要有防范心理，即使施暴人是自己的父母，也要勇敢地说不。在父母对自己实施家庭暴力的时候，要懂得保护自己，及时向学校的老师或警察求助。如果遭到了侵犯，一定要去当地公安局报案，向警察寻求帮助。因为针对未成年人的性犯罪具有很高的再犯率，如果不及时遏制，就会一发而不可收拾。只有自己学会拿起法律武器来打倒侵害我们安全的人，才能保证自己以后不再受到同样的伤害。

▶ 测一测

通过这个故事，你学习到了什么？让我们来测试一下吧！

如果你遇到如下情况，你要怎么做？

A. 父亲或母亲喝醉酒后要打你；

B. 父亲或母亲触摸你的敏感部位；

C. 父亲或母亲强迫你触摸他/她的性器官；

D. 父亲或母亲对你实施侵犯后威胁你不要说出去。

第二节 继父的"爱"

▶ 案例链接

与同龄人无忧无虑的童年不同，小草的童年并不是很幸福。几年前，小草的母亲陈琼与她的亲生父亲离了婚，小草的抚养权被判给了爸爸。但由于爸爸经济条件不好，一心疼爱女儿的陈琼怕女儿吃苦，加上自己开了个服装店，经济条件还算过得去，于是将女儿小草接到了自己身边。后来，陈琼经人介绍，认识了家住在成都的肖强。虽然肖强比陈琼大了十多岁，也离过婚，但是肖强一开始便对陈琼表现出了极大的热情。因涉及再婚，陈琼对这个突然"闯入"母女俩生活的男人显得比较谨慎，但最终还是与肖强组建了新家。

某一天，陈琼带着未满 13 岁的小草，从宜宾搬来成都，正式入住肖强在龙泉驿区新购置的家中。不久后，已经怀孕一个多月的陈琼与肖强登记结婚。

虽然年龄小，但小草发育得比较早，身高比同龄的孩子都要高，在她刚满 13 岁时，就已经达到了 1.72 米左右，出落得亭亭玉立，也因为这样，遭到了继父肖强的觊觎。

有一天，陈琼因为忙于生意没能回家，只留小草与肖强在家中。这时候的肖强在小草眼中只是和善的新"爸爸"，所以她并没有对肖强有任何防备之心。晚上，小草与肖强一起坐在客厅的沙发上看着电视，不多时，感觉到有些疲惫的小草就在沙发上睡着了。熟睡中的小草迷迷糊糊中感觉到有人趴在自己的身上摸个不停，睁眼一看，发现身上趴着的竟然是自己的继父肖强。小草连忙挣扎着要起来，却被肖强按住了手脚，他恶狠狠地威胁小草："你敢告诉其他人，我就杀了你妈妈。"小草信以为真，被这句话吓得不敢反抗了。于是，肖强顺势在沙发上强奸了小草。

后来小草想把这件事告诉妈妈，但是小草在 5 岁的时候父母离婚，是妈妈一个人把她拉扯大，如果妈妈没了，就什么也没有了。小草担心如果把事情告诉妈妈后，肖强真的会杀掉妈妈，所以只能自己默默地忍受着屈辱。因为担忧妈妈的安危，小草只能强忍着继父的凌辱，不曾告诉任何人。此后的每一天，小草都在恐惧中度过。

肖强在第一次强奸中尝到了甜头，又见小草没有把事情说出去，便变得更加的肆意，经常在小草妈妈不在家的时候侵犯小草。此时小草唯一的"希望"，就是肖强能和妈妈分手。小草也曾经向妈妈提出过，希望妈妈能与肖强分手，可是与肖强还处于热恋中的妈妈不明真相，只是以为小草在耍小孩子脾气，并没有理会，也没有注意到小草表情里的那丝恐惧。

在这之后，小草几乎每周都会遭受肖强的凌辱。因为身心受到伤害，小草变得越来越沉默寡言，学习成绩也一路下滑。小草一反常态的表现被干妈徐女士察觉到了，在徐女士的再三劝说下，小草才将事情的原委告诉了她。而此时，陈琼已经身怀六甲，怕她身体会因此事受到影响，徐女士和小草将事情一直隐瞒了下去。6月，陈琼剖宫产，生了一个儿子。7月24日，儿子满40天，陈琼也坐月子期满，小草便将自己半年来的遭遇告诉了妈妈。陈琼听了之后一晚上没有说出一句话，可是她的内心就像被一把尖刀狠狠地刺伤了。

"我要告他！他毁了我母女一辈子！"下定决心后，9月12日，陈琼母女向警方报了案。当天，肖强即被警方带走，随后被刑事拘留，警方立案调查。此后小草重新过上了正常的生活。

▶ 案件来源

2008年10月，39岁的牛某与离异妇女余某结婚，余某带着8岁的女儿婷婷（化名）来到牛某家共同生活。开始一家人生活挺美满和谐的，可是在2011年夏天的一个晚上，牛某以与其母亲离婚为要挟奸淫了婷婷，并在婷婷懊恼之际对其进行了打骂。2013年，余某外出打工，牛某更是趁机多次强行奸淫婷婷，每次婷婷的反抗都会招致他的无情殴打。原本开朗的婷婷变得自闭起来，直至后来辍学。2014年年初，婷婷感到下身发痒，才将实情偷偷告诉了姨妈，并表示再也不愿回到继父家生活。听到令人震惊的真相，气愤的姨妈立即领着婷婷报了警。

经山东省惠民县人民检察院提起公诉，一审法院依法以强奸罪判处被告人牛某有期徒刑 14 年。目前，判决已生效。[1]

》 法律警钟

◎ 法条索引

1. 《未成年人保护法》第十条规定：父母或者其他监护人应当创造良好、和睦的家庭环境，依法履行对未成年人的监护职责和抚养义务。

禁止对未成年人实施家庭暴力，禁止虐待、遗弃未成年人，禁止溺婴和其他残害婴儿的行为，不得歧视女性未成年人或者有残疾的未成年人。

2. 《关于依法惩治性侵害未成年人犯罪的意见》第二十五条规定：针对未成年人实施强奸、猥亵犯罪的，应当从重处罚，具有下列情形之一的，更要依法从严惩处：（1）对未成年人负有特殊职责的人员、与未成年人有共同家庭生活关系的人员、国家工作人员或者冒充国家工作人员，实施强奸、猥亵犯罪的；（2）进入未成年人住所、学生集体宿舍实施强奸、猥亵犯罪的；（3）采取暴力、胁迫、麻醉等强制手段实施奸淫幼女、猥亵儿童犯罪的；（4）对不满十二周岁的儿童、农村留守儿童、严重残疾或者精神智力发育迟滞的未成年人，实施强奸、猥亵犯罪的；（5）猥亵多名未成年人，或者多次实施强奸、猥亵犯罪的；（6）造成未成年被害人轻伤、怀孕、感染性病等后果的；（7）有强奸、猥亵犯罪前科劣迹的。

3. 《关于依法处理监护人侵害未成年人权益行为若干问题的意见》第十四条规定：监护侵害行为可能构成虐待罪的，公安机关应当告知未成年人及其近亲属有权告诉或者代为告诉，

---

[1] http://www.legaldaily.com.cn/index/content/2014-08/17/content_5721742.htm?node=20908.

并通报所在地同级人民检察院。

未成年人及其近亲属没有告诉的，由人民检察院起诉。

第二十八条规定：有关单位和人员向人民法院申请撤销监护人资格的，应当提交相关证据。

有包含未成年人基本情况、监护存在问题、监护人悔过情况、监护人接受教育辅导情况、未成年人身心健康状况以及未成年人意愿等内容的调查评估报告的，应当一并提交。

第四十二条规定：被撤销监护人资格的父、母应当继续负担未成年人的抚养费用和因监护侵害行为产生的各项费用。相关单位和人员起诉的，人民法院应予支持。

◎ **普法课堂**

监护侵害行为，是指父母或者其他监护人性侵害、出卖、遗弃、虐待、暴力伤害未成年人，或者教唆、利用未成年人实施违法犯罪行为，胁迫、诱骗、利用未成年人乞讨，以及不履行监护职责等严重危害未成年人身心健康的行为。对于监护侵害行为，任何组织和个人都应当劝阻、制止或者举报。

自护小贴士

一般来说，由继父实施的性侵案件，都是利用单亲家庭的孩子对亲生父母的依赖感，以受害人母亲的生命安全为要挟，迫使受害人不敢反抗。通常情况下，单亲家庭长大的孩子往往比较胆小，容易被作案人的言语恐吓所威胁，导致作案人的犯罪行为得以顺利实施。

正如本案中的小草，受到了继父的言语威胁后就立即放弃了抵抗，并且在被侵犯后仍然没有作出有效的反抗，导致自己多次受到来自继父的性侵害。那么面对继父的性侵，小草应该如何自我保护呢？

首先，小草在日常生活中要学会保护自己，学会与其他异性保持一定的距离，这样才能最大限度地避免自己遭到侵犯。其次，在遭遇不法侵害时，小草应该大声的呼救，引起周围人群的注意，使作案人心生恐惧而不敢继续作案。最后，当作案人肖强威胁小草时，小草也不应该害怕，要相信作案人只是吓唬自己，而不敢真正去杀人的。

　　未成年人有时候会遭遇类似的侵害，若是呼救没有引起邻居们的注意，可以尝试抓起手边的东西砸向对方，趁对方手忙脚乱时迅速逃跑并大声呼救。若是反抗没有效果，最后遭到了侵害，也不能任由作案人逍遥法外，一定要及时向父母求助并报警，使犯罪分子受到应有的惩罚，这样才能避免自己再次受到伤害。

▷ 测一测

　　通过这个故事，我们学到了在遭受到不法侵害时应该如何行动。假设你遇到以下这些情况时，你会怎么采取行动来保护自己呢？

　　A. 妈妈的新男朋友看你老是色眯眯的；

　　B. 你的继父喜欢抱着你睡觉；

　　C. 你的继父想要帮你洗澡；

　　D. 你的母亲不在家时，你的继父要求你和他一起睡觉。

第三节　尴尬的兄妹

▶ 案例链接

　　小薇随着母亲改嫁进入了一个新的家庭，并有了一个新的哥哥朱一鸣。17岁的朱一鸣是一名高二学生，而14岁的小薇也上了初二。朱一鸣平时会与同学一起看一些玄幻类书籍，里面经常会有大段赤裸裸的性描写。进入青春期的朱一鸣看得热血沸腾，躁动不安。晚上一个人躺在床上，想到书里的那些情节，他辗转难眠，想入非非……再看小薇，朱一鸣突然发现她有说不出的漂亮，虽然这个新妹妹只有 14 岁，但她的身体已经开始发育，白皙的脸庞和微凸的胸部，给了他无限想象的空间，她身上少女特有的体香，让他常常升腾起莫名的冲动。他开始装作不经意的样子，有时会轻拍小薇的脸，捏她的胳膊和手。懵懂的小薇却很开心，天真地以为这只是哥哥对妹妹的爱的表现。

某个星期天，小薇的妈妈随继父去参加同事的婚礼，只剩下小薇和朱一鸣在家里。两人在院子里打了一个多小时的羽毛球，回到家，浑身大汗淋漓的小薇急忙去卫生间洗澡。没有任何心理戒备的她连卫生间的门都没有锁上，只是虚掩。听着哗哗的水声，想象着小薇迷人的曲线，原始的冲动在朱一鸣体内奔涌，让他呼吸急促，情难自抑……朱一鸣颤抖着手将身上的运动服脱下，走过去一把推开卫生间的门，闯了进去。还在洗澡的小薇一下子就惊恐起来，连忙抱着胸部，声音发颤地质问："哥，我在洗澡，你进来干什么?"冲动和欲望已经使朱一鸣说不出话来，丧失理智的他一下子就扑了过去，紧紧抱住小薇赤裸的身体。小薇拼命厮打，但哪里是朱一鸣的对手，最后还是被他放倒在地板上……就这样小薇被夺去了童贞，她抱着头一直哭个不停。

傍晚，小薇的妈妈和继父回来了。小薇立即扑在母亲怀里，痛哭着把朱一鸣强奸她的事告诉了母亲。妈妈一听差点昏了过去，继父也怒不可遏，拿起皮带就把儿子狠狠揍了一顿。想到自己的女儿才 14 岁呀，就遭受了这样的摧残！痛不欲生的小薇妈妈打算报警，让法律来制裁朱一鸣。继父见状立即拽过儿子，父子俩一下子跪在小薇妈妈面前，朱一鸣哭着说："妈，原谅我，我是一时冲动。"继父也泪流满面："看在我们夫妻的份上，给孩子一个机会吧。"事情已经发生，为了保全这个刚刚重组的家，小薇妈妈只好无奈地选择了原谅。

本以为事情就这样过去了。某天，朱一鸣正在客厅看电视，小薇洗完澡出来，洗浴后的她像一朵出水芙蓉，少女的曲线楚楚动人。朱一鸣的心"咯噔"一下，又开始对妹妹想入非非起来。上次与妹妹强行发生关系，最后却不了了之，自己并没有受到太大的惩罚，他心里清楚，在这个家庭里，大家基本上是听他父亲的话，即使他再次对妹妹做了什么出格的事，小薇妈妈为了保全这个家，也不会把他怎么样，这个推测让朱一鸣多了几分胆量与底气。

这天晚上，朱一鸣在网上无意中看到一则消息：一个男孩用安眠药迷倒一个女孩，然后强行与她发生了关系，那女孩醒来后竟浑然不觉。于是，朱一鸣悄悄从小诊所买来十多粒安眠药。趁父亲和继母上班后，他把碾成粉末的安眠药偷偷放进小薇平时喝水的杯子里。午饭后，小薇喝下了杯子里的水，很快感到大脑昏昏沉沉的，靠在客厅的沙发上就睡着了。见小薇发出了轻轻的鼾声，朱一鸣觉得机会来了，热血沸腾的他把小薇平放在沙发上，迫不及待地压了上去……又一次被哥哥强暴，小薇悲痛欲绝，回到家的母亲发现了小薇的异常，在母亲的一再追问下，小薇说出了自己再次被哥哥强暴的事情，并在母亲的带领下到公安局报了案，朱一鸣也受到了应有的惩罚。

▶ | 案件来源

2011 年 7 月，警方接到一起报案，11 岁少女兰兰遭哥哥多次强奸造成意外怀孕。接警后，警方立即展开调查，次日将嫌犯赵某抓捕。一审法院依法以强奸罪判处被告人赵某有期徒刑14 年。目前，判决已生效。[1]

---

〔1〕《人民法院报》2014 年 2 月 8 日。

▶ 法律警钟

◎ 法条索引

1.《未成年人保护法》第六条规定：保护未成年人，是国家机关、武装力量、政党、社会团体、企业事业组织、城乡基层群众性自治组织、未成年人的监护人和其他成年公民的共同责任。

对侵犯未成年人合法权益的行为，任何组织和个人都有权予以劝阻、制止或者向有关部门提出检举或者控告。

国家、社会、学校和家庭应当教育和帮助未成年人维护自己的合法权益，增强自我保护的意识和能力，增强社会责任感。

第六十二条规定：父母或者其他监护人不依法履行监护职责，或者侵害未成年人合法权益的，由其所在单位或者居民委员会、村民委员会予以劝诫、制止；构成违反治安管理行为的，由公安机关依法给予行政处罚。

2.《关于依法惩治性侵害未成年人犯罪的意见》第二条规定：对于性侵害未成年人犯罪，应当依法从严惩治。

3.《最高人民法院关于行为人不明知是不满十四周岁的幼女，双方自愿发生性关系是构成强奸罪问题的批复》规定：行为人明知是不满十四周岁的幼女而与其发生性关系，不论幼女是否自愿，均应依照刑法第二百三十六条第二款的规定，以强奸罪定罪处罚；行为人确实不知对方是不满十四周岁幼女的，双方自愿发生性关系，未造成严重后果，情节显著轻微的，不认为是犯罪。

4.《刑法》第二百三十六条规定：以暴力、胁迫或者其他手段强奸妇女的，处三年以上十年以下有期徒刑。

奸淫不满十四周岁的幼女的，以强奸论，从重处罚。

强奸妇女、奸淫幼女，有下列情形之一的，处十年以上有期徒刑、无期徒刑或者死刑：（一）强奸妇女、奸淫幼女情节恶劣的;(二)强奸妇女、奸淫幼女多人的;(三)在公共场所当众强奸妇女的;(四)二人以上轮奸的;(五)致使被害人重伤、死亡或者造成其他严重后果的。

◎ **普法课堂**

幼女是指不满 14 周岁的女性。《刑法》中规定,只要明知是幼女而与之发生性交的,就构成奸淫幼女罪,不论幼女是否同意,行为人是否采用了暴力、胁迫或者其他手段。奸淫幼女罪在客观方面表现为与不满 14 周岁的幼女发生性关系,至于行为人使用了什么手段,幼女是否同意,均不影响本罪的成立,而且只要双方性器官接触就构成犯罪既遂。这是基于幼女生理特点的规定,也是国家对幼女的特殊保护政策。所以,奸淫幼女罪的行为对象只能是不满 14 周岁的幼女。

》 **自护小贴士**

在重组家庭中,虽然法律上重组双方的子女成为了兄弟姐妹,但是这样的兄妹之间实质上并不存在血缘关系。两个处在青春期的少年长期生活在一起,有时难免会产生好感,双方的父母如果不对这样的好感加以引导的话,就极有可能会诱发性犯罪。

正如本案例中,小薇与哥哥朱一鸣虽然平时以兄妹相称,但是他们毕竟不是亲兄妹,应该要时刻记住男女有别。我们从小就要学会在与异性交往中的自我保护。因为朱一鸣正处于青春期,对性刚有了初步的了解,难免会对异性产生强烈的欲望,所以小薇要保护好自己,面对自己哥哥的一些过激的行为要勇于说不,避免自己受到伤害。与此同时,当小薇发现哥哥对自己流露出一些亲情以外的情感时,要及时和父母沟通,尽量避免男女生之间的独处,这样才能有效地防止悲剧的发生。另外,在受到哥哥的侵害后,小薇应该及时与父母沟通,让朱一鸣受到应有的惩罚。由于朱一鸣在第一次作案后没有受到足够的惩罚，产生了侥幸心理，造成其对侵害行为后果的严重性认识不足，导致了再次作案。

所以，当自己受到侵犯后，首先要向自己的父母寻求帮助。如果由于父母和作案人的关系密切而无法给你提供帮助时，一定不能采取沉默的方式，因为你的沉默会导致作案人得以逍遥法外，作案后没有得到相应的惩罚会使得作案人更加嚣张，从而再次作案。所以，在受到侵犯后一定要积极地去寻求社会的帮助，可以通过报警等方式来保障自己的合法权益，防止受到二次侵犯。

▶ 测一测

在平时的生活中，我们应该怎么与那些没有血缘关系的兄弟姐妹相处呢？下面哪些行为是不当的？

A. 和哥哥一起玩游戏；

B. 和哥哥在一个床上睡觉；

C. 找哥哥帮忙辅导功课；

D. 同意哥哥的一些非分的请求。

第四节　可怕的"新爸爸"

▶ 案例链接

1995 年的秋天，石晓卉出生于一个贫困家庭。因为石晓卉是女孩，所以她的出生并没有给这个重男轻女的家庭带来喜悦。在石晓卉刚满月的时候，狠心的父母将她丢弃在了当地孤儿院的门口。于是，石晓卉便在孤儿院度过了自己的童年。

正所谓穷人的孩子早当家，在孤儿院长大的石晓卉从小就很懂事。当别的孩子还在母亲怀抱中撒娇的时候，石晓卉就已经学会了洗衣做饭一系列的家务活。

不知不觉中，石晓卉已经在孤儿院度过了8个年头，转眼间就到了上学的年龄。在民政部门的努力下，石晓卉被当地的一家寄养家庭收养了，她终于有了爸爸和妈妈。开始读一年级的石晓卉特别珍惜这个来之不易的家庭，在家里表现得格外乖巧，每天放学回家后就会帮着爸爸、妈妈做家务。而爸爸、妈妈也很疼爱乖巧的石晓卉，尤其是新爸爸对她特别的好，经常会给她买新衣服，也经常带她出去玩。在外人眼里，石晓卉和新爸爸就像是亲父女一样。

但是好景不长。一天晚上，石晓卉看完电视节目后，回到房间睡觉。她在睡梦中感觉到有人在摸自己，还试图脱掉自己的衣服，她迷迷糊糊地睁开眼睛发现竟然是新爸爸趴在自己身旁。石晓卉被眼前的情形吓了一跳，不住用手推开新爸爸，并不断地哭喊着，希望新爸爸能够停下来。可新爸爸并没有因此终止罪恶行径，他恶狠狠地打了石晓卉一巴掌，低声威胁道："再乱动，小心我把你扔出去，你还回去当你的孤儿吧。"这句话深深刺激到了正在苦苦挣扎的石晓卉，她在孤儿院盼望了许久，好不容易拥有了一个家庭，她真的不愿意就这样变回孤儿，想到这里，石晓卉慢慢放弃了反抗。没有了石晓卉的抵抗，新爸爸成功地强奸了她。

从那次以后，尝到了甜头的新爸爸不断地强奸石晓卉，并且每次都会以"不要你"相威胁，无助的石晓卉只能选择屈从。原本活泼开朗的石晓卉渐渐没有了笑颜，日渐消瘦。在长达4年的时间里，石晓卉一直饱受着新爸爸的摧残。在外人眼里，新爸爸还是那个愿意收留孤儿的好心人，只有每次与石晓卉独处的时候，新爸爸才会露出狰狞的一面，并不断变换花样折磨她。

在石晓卉五年级的时候，她的新班主任发现了不对劲。经过与石晓卉多次耐心的谈话，班主任了解到了石晓卉经常被新爸爸强奸的情况。在班主任的鼓励下，石晓卉终于下定决心要去报警。2007 年 3 月，石晓卉走进了公安局，向公安民警述说了自己不幸的遭遇，检举了新爸爸的罪行。新爸爸最终受到了法律的惩罚。

▶ 案例来源

2004 年年初，张某领养了来自孤儿院的 8 岁小女孩张小某。在张小某寄养在张某家的 5 年中，张某多次强奸张小某并导致张小某怀孕。后来，张小某的班主任发现了她的异常，在班主任的鼓励下张小某去警察局报了案，张某最终被判处有期徒刑 7 年。[1]

▶ 法律警钟

◎ 法条索引

1. 《未成年人保护法》第十条规定：父母或者其他监护人应当创造良好、和睦的家庭环境，依法履行对未成年人的监护职责和抚养义务。

禁止对未成年人实施家庭暴力，禁止虐待、遗弃未成年人，禁止溺婴和其他残害婴儿的行为，不得歧视女性未成年人或者有残疾的未成年人。

第四十三条规定：县级以上人民政府及其民政部门应当根据需要设立救助场所，对流浪乞讨等生活无着未成年人实施救助，承担临时监护责任；公安部门或者其他有关部门应当护送流浪乞讨或者离家出走的未成年人到救助场所，由救助场所予

---

[1]　http://ln.sina.com.cn/news/s/2012-11-29/103620065.html.

以救助和妥善照顾，并及时通知其父母或者其他监护人领回。

对孤儿、无法查明其父母或者其他监护人的以及其他生活无着的未成年人，由民政部门设立的儿童福利机构收留抚养。

未成年人救助机构、儿童福利机构及其工作人员应当依法履行职责，不得虐待、歧视未成年人；不得在办理收留抚养工作中牟取利益。

2. 《关于依法办理家庭暴力犯罪案件的意见》第二十五条规定：加强反家庭暴力宣传教育。人民法院、人民检察院、公安机关、司法行政机关应当结合本部门工作职责，通过以案说法、社区普法、针对重点对象法制教育等多种形式，开展反家庭暴力宣传教育活动，有效预防家庭暴力，促进平等、和睦、文明的家庭关系，维护社会和谐、稳定。

3. 《关于依法惩治性侵害未成年人犯罪的意见》第九条规定：对未成年人负有监护、教育、训练、救助、看护、医疗等特殊职责的人员（以下简称负有特殊职责的人员）以及其他公民和单位，发现未成年人受到性侵害的，有权利也有义务向公安机关、人民检察院、人民法院报案或者举报。

第三十四条规定：对未成年被害人因性侵害犯罪而造成人身损害，不能及时获得有效赔偿，生活困难的，各级人民法院、人民检察院、公安机关可会同有关部门，优先考虑予以司法救助。

◎ **普法课堂**

胁迫型性侵犯是指行为人利用自己的权势、地位、职务之便，对有求于自己的受害人加以利诱或威胁，从而强迫受害人与其发生非暴力型的性行为。

胁迫型性侵犯一般包括以下三种类型：（1）利用职务之便或乘人之危而迫使受害人就范；（2）设置圈套，引诱受害人上钩；（3）利用过错或隐私要挟受害人。

> ▎自护小贴士

生活在寄养家庭中的孩子一般都来自孤儿院，从小缺乏父母的关爱，所以在进入寄养家庭后会对新组成的寄养家庭产生依赖感。未成年人在寄养家庭中受到侵犯后，可能会因为想要继续留在这个家庭而对作案人采取容忍的态度，从而导致这种侵害行为持续相对较长的时间。

正如本案例中的石晓卉，她因为从小没有父母的关爱，所以对这个来之不易的家庭特别珍惜，才使得她在受到侵害后不敢向外界求救。与此同时，石晓卉在寄养家庭中生活时，由于经济不独立，即使遭受到不法侵害也不敢求助于陌生的外界。而且因为作案人就是石晓卉的监护人，所以年幼的她也不知道该如何寻求帮助。然而，这样无底线的容忍只会让自己再次受到伤害。所以，石晓卉应该要学会独立思考，在受到伤害时一定要保持冷静，找到合适的救济途径，作出正确的决定，这样才能够让自己远离侵害。另外，由于作为受害人的石晓卉反抗能力不强，便使得自己在受到侵害时没有能力作出有效的反应。在受到侵害时，我们要学会积极向老师、当地居（村）委会或警察求助，一定不能对作案人逆来顺受，不然会受到更严重、更持久的伤害。

在实施不法侵害后，作案人往往会利用受害人对自己的依赖，对其长期实施侵犯。所以，一时的容忍可能会导致更大的伤害。在受到伤害时，我们就要敢于强烈反抗这样的暴行，并且在受到伤害后，我们更要勇于向社会求助，让不法分子受到惩罚，这样才能保证我们今后的安全，才能有效地防止后续的伤害。

> ▎测一测

通过本节的学习，我们知道了在受到来自监护人的不法侵害时，应该及时地寻求帮助，那么以下哪些人是我们可以信赖的呢？

    A. 学校的班主任；

    B. 居（村）委会的工作人员；

    C. 邻居的叔叔；

    D. 警察叔叔。

▶ 电影推荐

本章节向同学们推荐一部励志电影——《绽放》。

《绽放》是 2008 年中国残疾人奥运会的献礼影片。它以健全人与残疾人的和谐共进、励志奋发为主线，讲述了健全人与残疾人剧团，与残疾人朋友之间相互帮助、相互关心的故事。

这部影片通过艺术化渲染，把观众带入了残疾人演员的生活和艺术之中，弘扬了人性，蕴涵了友善，诠释了璀璨人生。小读者们在观看该影片时，不仅要学会片中主人公的善良与友爱，同时也要意识到我们大家生活在同一片天空下，我们的身边也会有很多愿意帮助我们脱离困境的人，所以当我们有困难时，可以大胆地向他们求助。人人助我，我助人人，这个世界就会变得很美好。

第五章

校园性侵

本章导读

　　对于刚进入青春期的孩子们来说，学校是他们主要的学习与生活场所。当下许多中小学校实行寄宿制管理，大大拉长了孩子们的在校时间，随之而来的是校园性侵害事件的发生概率日益增长。本章将通过四个小案例，让孩子们更清楚地了解什么是校园性侵害、如何预防校园性侵害，以及遭受侵害后的解决对策。通过本章的学习，希望能让孩子们在校期间学会自我保护，预防性侵，健康快乐地成长。

第一节 "白马王子"的黑手

▶ 案例链接

新学期伊始，新宁中学初二（六）班发生了一件大新闻，那就是班里来了一位非常年轻帅气的英语男老师，这可吸引了不少同学的好奇心。这位英语老师姓郑，他不但年轻有活力，而且非常风趣幽默，就像从天而降的白马王子。

这一天课间，韩佳睿刚领回发下来的英语作业本，就发现里面夹着一封特殊的信。她满怀好奇地打开一看，信纸上那些动人的话语跃然跳出：

"韩佳睿同学：你好！很冒昧地给你写这封信。自从上次看到你组织班里文娱活动时出色的表现，我就开始一直关注你了。你各科成绩都很棒，是个认真的好学生，同时很活泼，也很可爱，老师很喜欢你。韩佳睿，希望今晚10点可以在小树林旁见到你。不见不散。郑老师。"

读完信，尤其是看到落款是"郑老师"的名字，韩佳睿的脸一下子变得绯红。

"到底去还是不去呢？"韩佳睿犹豫地在校园里走来走去，踌躇的脚步竟不知不觉地往幽静的小树林方向走去。好奇感最终还是战胜了她的不安感，她还是想知道郑老师的葫芦里到底卖的是什么药。

"韩佳睿，你来啦！"郑老师带着惊喜的语气，低声说道。

"嗯，郑老师。"韩佳睿羞涩地低下头，顿时不知所措起来。

郑老师此时却突然一把拉住韩佳睿的手，韩佳睿心里"咯噔"一下，却不敢将手抽回。

"老师听说你最近有心事？来，跟我说说。老师有没有什么能帮你的？"郑老师关切地问着，左手顺着拉起韩佳睿，右手却开始摆弄起她的头发。韩佳睿越来越不自在，原本就胆小的她更加尴尬起来，只能将头垂得更低。

见韩佳睿不敢反抗，郑老师却愈加大胆起来，右手慢慢地滑到韩佳睿的后背及腰间，来回摸索。

"郑老师，您别这样……"韩佳睿颤抖地拒绝了郑老师越轨的行为。

郑老师却若无其事地回应说："怎么？你们女生不是都当我是白马王子吗？难道你不想跟白马王子……"

此时，韩佳睿才意识到，自己似乎陷进了郑老师布下的圈套。那张平日里英俊的脸不再阳光，不再温暖，而是变得狡猾，变得凶恶起来。

犹疑和惊恐之间，郑老师的手已经滑进了韩佳睿的裙子下面。韩佳睿一阵惊慌，开始用手抵抗起来，可是她那双小手哪能抵得过郑某健硕的身体。韩佳睿想要大声呼救，她感到自己就要被欺负了。但想到事情一旦被学校或者家长知道，作为女孩子的自己一定很丢人，她越想越无助，最后只能默默地继续忍受，身体已经僵直在原地。

谁也没想到的是，路过小树林的路然竟目睹了这一切！黑暗中，路然假装背着书包刚刚路过这里。"韩佳睿，你在哪儿？快回宿舍咯，要熄灯啦！"路然一边假装在寻找韩佳睿，一边向小树林的方向走来。

听到路然的声音，郑老师和韩佳睿都吓了一跳。慌乱中，郑老师迅速往小树林更深处逃去，害怕路然看到他。

"啊，我在这儿呢，在这儿呢！"韩佳睿仿佛得救了一般，立刻向小树林外跑出去，奔向路然。

第二天，在多方打探下，路然发现了惊人的真相，那就是班里竟然还有3个女生也收到郑老师类似的"情书"！周末，路然回到家里赶紧将此事告诉了妈妈。察觉到事态严重，妈妈立即与班主任沟通了此事。学校随后对同学们进行了逐个问话，才发现自开学以来，郑某一直利用女同学对他的信赖与倾慕，骚扰多位女生。而这几个被骚扰的同学都是平日里胆子比较小的学生，出了事情也不敢向家人或老师声张。郑某正是利用这一点，一而再、再而三地向女生们伸出了黑手。学校立刻对郑某作出了处分决定，并请公安机关介入了事件的调查。这一场"白马王子"引来的风波才算是平息了下来。

案件来源

2001 年至 2005 年间，甘肃省定西市某小学老师成来福在任教期间，利用职务之便，以干活、背课文、辅导功课等为由，将该校三年级、四年级及 2004 年 6 月毕业的学生共计 18 名被害人叫到宿舍、教室等处实施奸淫。经定西市中级人民法院审判，依法判处成来福死刑。[1]

法律警钟

◎ 法条索引

1. 《刑法》第二百三十七条规定：以暴力、胁迫或者其他方法强制猥亵妇女或者侮辱妇女的，处五年以下有期徒刑或者拘役。

聚众或者在公共场所当众犯前款罪的，或者有其他严重情节的，处五年以上有期徒刑。

猥亵儿童的，依照前两款的规定从重处罚。

2. 《关于依法惩治性侵害未成年人犯罪的意见》第二十一

---

〔1〕 http: //mp. weixin. qq. com/s? _ _ biz = MzAwNDAxOTM0MQ = = &mid = 202297152&idx = 1&sn = 90afb6cf3913772cce30880f8f41d5d8.

条规定：对幼女负有特殊职责的人员与幼女发生性关系的，以强奸罪论处。

对已满十四周岁的未成年女性负有特殊职责的人员，利用其优势地位或者被害人孤立无援的境地，迫使未成年被害人就范，而与其发生性关系的，以强奸罪定罪处罚。

3.《侵权责任法》第三十八条规定：无民事行为能力人在幼儿园、学校或者其他教育机构学习、生活期间受到人身损害的，幼儿园、学校或者其他教育机构应当承担责任，但能够证明尽到教育、管理职责的，不承担责任。

第三十九条规定：限制民事行为能力人在学校或者其他教育机构学习、生活期间受到人身损害，学校或者其他教育机构未尽到教育、管理职责的，应当承担责任。

◎ 普法课堂

小读者们，我们在故事里提到郑老师对女生实施的这种行为，你们知道是什么吗？它让人感到不舒服，不自在，感到自己被欺负，这其实是一种猥亵行为。虽然故事中的郑老师没能进一步实施不法行为，但他强行对韩佳睿进行了"抚摸"，实质上已经构成了我国《刑法》明文规定的"猥亵儿童罪"。那么，到底什么是猥亵儿童呢？

猥亵儿童是指行为人以刺激性需求或达到性欲满足为目的，违背未成年人（包括18周岁以下的幼男和幼女）意志，对其身体敏感部位进行抚摸、亲吻或搂抱等行为。

大家要注意，14周岁以下的儿童身心发育还不成熟，对于性行为还很懵懂，不懂得性行为带来的危害和后果，因此并不具有性自主权，不能自主决定与他人发生性接触甚至性行为。无论受害人同意与否，行为人都将构成猥亵儿童罪，这是我国《刑法》对未满14周岁儿童实施的一项特别保护。

≫ 自护小贴士

小读者们，你们身边有没有出现过这样的"白马王子"呢？常言道，知人知面不知心。无论是对待我们身边的朋友、邻居、老师、远房亲属或是社会上的其他人，都需有一定的防备之心。一个人的善恶不能单凭表象判断，如果不当心，危险很有可能随时降临。故事中郑老师的"亲密"行为，有可能构成性侵害犯罪（如猥亵儿童罪），而我们所要做的便是要爱护自己的身体，对不恰当的亲密行为勇敢、及时地说"不"。

那么，路然和韩佳睿的做法，到底谁做得对，谁做得不对呢？

首先，当郑老师给韩佳睿递来情书时，如果她内心有疑惑，应当及时地将事情如实地向家长或其他老师报告。如果她一时拿不定主意，可以与自己的哥哥、姐姐或者其他小伙伴一起商量，而不应该独自前去一探究竟。其次，在夜晚的小树林里，当郑老师对韩佳睿做出"乱摸乱碰"的不当行为时，韩佳睿不应该默默忍受，而应该采取一些办法来制止郑老师的行为。如果言语劝阻不管用，可以尝试趁对方不备之时，攻击他的面部或裆部，也可以顺手抓起地上的树枝或者随手抓起一把沙子扔向对方，为自己寻求逃脱危险的时间。此时，如果你是发现案件的人，可以学习路然聪明的做法，假装不知情地大声呼喊而将对方吓跑。最后，在逃离危险之后，应及时将不法分子的丑行报告家长或老师，以免其他同学再次受害，不法之徒也将受到应有的惩罚！

平时，同学们一定要保护好自己的身体，不能轻易让人接触到我们身体敏感的部位，如胸部、腰间、大腿以及生殖器官。在学校期间，如果有老师、学校领导或校方管理人员以诱骗、威胁、恐吓等方式意图对我们不轨，都应该及时向家长报告。遭遇不法侵害，不应忍气吞声，要做个勇敢自护的孩子！

> ▶ **测一测**

这一节的故事你们都看懂了吗？需要了解的自护小知识大家都掌握了吗？现在我们来做个小小的测试，看谁反应快，看谁记得准！

A. 请列举 5 种性侵害的方式；

B. 假如有陌生异性约你出去玩，可否独自赴约；

C. 身体的敏感部位有哪些；

D. 遭遇到性侵害第一时间告诉谁。

第二节 怕热贪凉的隐患

▶ **案例链接**

7 月兴许是一年里最热的月份了，知了在树上没完没了地叫个不停，让这个夏天变得越发烦躁难忍。

一天晚自习结束后，唐尚佳背起书包就直奔小卖部"抢"了一根雪糕。虽然同学们都不约而同地换上了夏季的校服，但短裤、凉鞋似乎依然没有办法把身体的热气散发掉，就连晚上吹的风，好像都是带着热浪的。

吃着爽口的雪糕，唐尚佳慢慢地哼着歌，回到了宿舍。

唐尚佳的宿舍在三楼，"幸好幸好，还不算太高，我最不喜欢爬楼梯了。"她暗暗想到。当初安排她住三楼的宿舍，虽然不是自己最爱的一楼，但唐尚佳还是有点小庆幸的。

这几天格外的热，唐尚佳晚上正琢磨着，要不要和大家商量一下，睡觉时把门敞开。此时值班的邓老师正好路过了她们的宿舍。

"邓老师！"唐尚佳朝门外叫道。

"什么事？还没睡呀。"听见唐尚佳的叫声，邓老师停下了脚步。

"邓老师，现在晚上太热了，我们能不能把宿舍的门敞开呀？"唐尚佳歪着脑袋询问，明知道这是有违宿舍规定的，但她还是决定问问。

邓老师却斩钉截铁地挥手拒绝说："唔，不行不行，不关门是非常危险的。万一有坏人进来了怎么办？尤其是你们住在三楼的同学，楼层低，窗子外面是没有防护网的，应该更加小心才是啊！坏人有可能顺着墙外的管道进来呢！"

唐尚佳和同学们听了都半信半疑，"啊?! 这三楼他能爬上来吗？邓老师，您是不是说得有点儿夸张呀？"

邓老师见到大家都很怀疑的样子，便叹了口气走进了宿舍。"本来啊，学校准备最近对大家进行安全教育的。看你们这些孩子啊，一点安全意识都没有，我现在给你们讲讲隔壁学校最近发生的事情吧。"

邓老师讲述后，大家这才知道前一段时间隔壁寄宿小学夜间发生了一件大事。那是在某天的半夜时分，有一个中年男子顺着墙边的排水管道爬上了女生宿舍的小阳台。看到宿舍里的同学们都睡着了，这个陌生男子选择了一个靠阳台的床位，对这个女同学实施了猥亵！当时，由于宿舍已经熄灯，室内非常昏暗，这名女同学又不敢张扬，只能强忍着泪水默默承受。幸好这时隔壁床铺的同学被动静惊醒，慌乱中大叫了一声"谁?"这男子吓得立即翻墙跑掉，才不至于进一步加害其他人。

"好险啊!""对啊，这女生也太傻了。""她应该大声呼救嘛。""就是，就是。"唐尚佳听完后，开始和舍友们七嘴八舌地讨论起来。

"好了好了，同学们。"邓老师示意大家停一停，接着补充说："当时这个女生的宿舍，就是阳台的门没关好，才给了坏人可乘之机。所以大家一定要小心，不要抱有侥幸心理。虽然天气炎热，但是安全才是最重要的啊！"

唐尚佳若有所思地点了点头，看来自己想问题还是太简单了，以后一定要好好遵守学校的规定，不能再随意出鬼点子了！

▶ 案件来源

2011 年 12 月 17 日凌晨时分，广西钦州市浦北县官垌镇某中学发生了一起性侵未成年人案件。犯罪嫌疑人覃某、张某、彭某等 9 人翻墙进入该中学，对睡梦中的女学生实施了猥亵，且其中 3 名嫌疑人涉嫌对 1 名女生实施了强奸。[1]

▶ 法律警钟

◎ 法条索引

1.《刑法》第二百三十六条规定：以暴力、胁迫或者其他手段强奸妇女的，处三年以上十年以下有期徒刑。

奸淫不满十四周岁的幼女的，以强奸论，从重处罚。

强奸妇女、奸淫幼女，有下列情形之一的，处十年以上有期徒刑、无期徒刑或者死刑：（一）强奸妇女、奸淫幼女情节恶劣的；（二）强奸妇女、奸淫幼女多人的；（三）在公共场所当众强奸妇女的；（四）二人以上轮奸的；（五）致使被害人重伤、死亡或者造成其他严重后果的。

2.《未成年人保护法》第二十二条规定：学校、幼儿园、托儿所应当建立安全制度，加强对未成年人的安全教育，采取措施保障未成年人的人身安全。

---

〔1〕　http://roll.sohu.com/20111231/n330901835.shtml.

◎ 普法课堂

综合实际发生过的案例来看，校园性侵害主要分为暴力型、滋扰型、胁迫型和社交型四种类型。

暴力型，是指不法分子用暴力手段强行进行的性侵害。如在校园内遭遇的性侵害，不法分子闯入女生寝室实施的性侵害等，有些同学因早恋、猎奇、模仿等也可能会发生暴力型性侵害。

滋扰型，是指社会上一些流氓或不法分子经常进入校园对学生进行的骚扰和性侵害，或是校园内一些品行不端的工作人员对在校学生实施的性侵害。

胁迫型，一般是指不法分子掌握了受害人的某些个人隐私或秘密，并以此相要挟，迫使受害人与之发生性关系。

社交型，是指受害人因交友不慎，或同学之间的关系而认识了一些社会不良分子，被强迫、诱骗遭受性侵害，这种类型最为常见。

▷┃自护小贴士

现如今，中小学学校普遍实行住宿制度，此举无形中延长了同学们的在校时间。校园环境相对于社会或其他公共场所而言，有一定的隐蔽性，因限制外来人员出入，相对而言较为安全，但并非是绝对安全的。在校园里，也极容易发生性侵害案件。隐蔽的树林、无人的小路、空着的教室、存在安全隐患的宿舍，都可能成为同学们遭遇危险的场所。有时候案件没有发生在我们的身边，大家总是不以为然，认为自己不会这么倒霉，不会遇到这些坏事。可是，一旦心存侥幸，危险就很有可能随时降临到你的头上。

回到邓老师所说的那个性侵害故事中，隔壁小学的受害女生遇到危险时采取了忍气吞声的做法，其实是非常不明智的！

宿舍里有其他的同学，有一定的解救条件。如果此时她积极向其他室友大声呼救，极有可能摆脱不法分子的进一步侵害。她实在不应为了害怕"丢脸"而默默承受，这只会让不法分子得寸进尺。如果手边有可以用以反击的工具，应尽量使用，攻击对方的头部或裆部；如果单独一人在宿舍时，务必关闭门窗，避免危险。当宿舍同学较少，与加害人力量悬殊时，目睹侵害行为的同学不应即刻反击，而应尽快逃离宿舍，向宿舍管理员或老师寻求帮助。

住校的女生尤其应当注意宿舍的安全问题，严防被不法分子乘虚而入，实施盗窃、抢劫甚至性侵害。宿舍门窗损坏时应及时修理，切勿给他人以可乘之机；睡觉时应关好门窗，拉好窗帘，炎热的夏天也不例外；如有人敲门，须问清对方身份再开门；夜晚切勿留宿男生；遇到不法分子入侵时要保持冷静，想办法与之周旋，抓住时机尽快求救或者报警，以此保护自身安全。

▶ 测一测

学习完本节内容，请大家对以下的选项进行判断。如果你遇到这些情况，你会怎么办呢？

A. 宿舍管理员不在时，有人自称自己是维修人员，希望你给他开门，你会怎么做？

B. 如果同宿舍的同学，家中的男性亲友来看望她，希望在你们宿舍留宿，你同意吗？

C. 夜晚时，如果发现宿舍里有来路不明的人正在实施违法行为，你应该怎么做？

D. 上述情况下，如果对方是熟人（老师/同学/校园管理人员），你是忍气吞声，还是向学校告发？

第三节　厕所里的尾随者

▶ 案例链接

晚自习时分，教室里静得出奇，只有大家"唰唰唰"的写字声，谁也不敢开口聊一句闲话。期末考试就要到了，大家的专注程度空前提高，就连窗外走过老师，竟也无人察觉。好像抬一下头，眨一下眼都会漏掉一个重要的知识点。

就在大家沉浸在紧张备考的状态里时，恐怕只有陆祯一人"置身事外"了。

作为一个成绩中下又有点偷懒的学生，晚自习对她来说，简直无聊极了。陆祯总是想着各种法子来消磨这段时光，偷偷地去操场溜一圈儿，或者趁老师不注意时去趟小卖部，都成了她打发晚自习的可选项。

在这个百无聊赖的晚上，陆祯早早地做完了习题，懒得再做一次检查。"反正考试就这样吧，升学考试还早着呢。"想到这，她偷偷带上了手机，四下张望，发现值班的班长正在埋头看书，根本没有注意到她，于是便从教室后门悄悄地溜走了。

她能去哪儿？虽说陆祯成绩不好，但鬼点子可不少！她正准备去趟厕所，趁机玩会手机呢。"反正老师也看不到，嘿嘿!"心里愉快地盘算着，她的脚步更是轻盈。

学校最近在建新的教学楼，"轰轰"的建筑声每日震天响，也就只有晚上才得以消停。陆祯一方面为了多逃避一会儿自习时间，另一方面也怕班长回头去就近的厕所找她，所以就没有去教室旁边的厕所，反而慢慢地向还在建设中的新楼那边走去。

新教学楼已接近完工，一楼的厕所已经可以使用了。陆祯的胆子也是出奇的大，这晚上黑灯瞎火的，没有人施工，新教学楼里自然也就只有微弱的灯光。她却不怕，优哉游哉地向新厕所走去。

走在空阔的楼间，陆祯突然觉得有些不妥，身后好似有"窸窸窣窣"的声音一直在跟着自己！她猛然回过头去，却什么也没有发现。"哎呀，别自己吓自己！"陆祯叹口气，摇摇头，拍拍胸脯，自言自语地给自己壮胆。

一溜烟儿，陆祯便拐进了新楼的厕所，蹲在里面掏出了手机开始玩，这时门外再次传来了"窸窸窣窣"的声音！陆祯竖起耳朵仔细听，这回听得很真切！

从地面上投射的影子来看，有个人影正在慢慢向自己的门边靠近。陆祯当即吓得脸直发白，但是她又不敢叫出声来。人影慢慢靠近，她发现那是一双黑色的男式鞋在来回走动，迟迟不肯离开，好像在等她出来一般。这可把她彻底吓坏了！

"怎么办？怎么办？"现在她脑子只有这几个字了，陆祯赶紧用手机给妈妈发了个短信求救："妈妈，妈妈，快来救我！我在学校的厕所里遇见了坏人！救命啊！"

也不知到底僵持了多久，对陆祯来说好像每一秒钟都过得那么漫长。突然，门外的男人开始砸门，用力扭转门把手。陆祯吓得大声尖叫起来，眼前的门就要被砸烂了，可是救她的人到底在哪里？她不禁开始后悔自己的那点儿"小聪明"，吓得哇哇直哭，一时间竟不知道如何是好。

恰在这时，她又听到了脚步声，这次是一大群人的脚步声！原来是班主任接到了陆祯妈妈的电话，带着保卫处的工作人员一起来解救陆祯了。

事后调查才知，这门外鬼鬼祟祟的男子是教学楼的施工工人，平时就住在临时搭建的简易棚里。这晚刚喝了点酒，看到一个女学生跑过来上厕所，便起了歹心，想对她图谋不轨。差点遭遇不幸的陆祯也受到了老师和家长的批评，相信经过这次经历，她再也不敢耍"小聪明"了。

> | 案件来源

2011 年 11 月 21 日，广东省东莞市东莞理工学院大四学生敖翔在学校某教学楼内，对该校一名大二女生小梁实施猥亵，并因遭到反抗而将小梁杀害。后经法院审判，敖翔被以强制猥亵妇女罪、故意杀人罪判处死缓。[1]

> | 法律警钟

◎ 法条索引

1. 《关于依法惩治性侵害未成年人犯罪的意见》第三十二条规定：未成年人在幼儿园、学校或者其他教育机构学习、生活期间被性侵害而造成人身损害，被害人及其法定代理人、近亲属据此向人民法院起诉要求上述单位承担赔偿责任的，人民法院依法予以支持。

2. 《学生伤害事故处理办法》第五条规定：学校应当对在校学生进行必要的安全教育和自护自救教育；应当按照规定，建立健全安全制度，采取相应的管理措施，预防和消除教育教学环境中存在的安全隐患；当发生伤害事故时，应当及时采取措施救助受伤害学生。

学校对学生进行安全教育、管理和保护，应当针对学生年龄、认知能力和法律行为能力的不同，采用相应的内容和预防措施。

3. 《侵权责任法》第四十条规定：无民事行为能力人或者限制民事行为能力人在幼儿园、学校或者其他教育机构学习、生活期间，受到幼儿园、学校或者其他教育机构以外的人员人身损害的，由侵权人承担侵权责任；幼儿园、学校或者其他教

---

〔1〕 http：//law365. legaldaily. com. cn/ecard/post_ view. php？ post_ id＝6029.

育机构未尽到管理职责的，承担相应的补充责任。

◎ **普法课堂**

性侵害，不仅是一种刑事犯罪行为，同时也是一种民事侵权行为。在校期间遭受性侵害，不法分子应当承担相应的侵权责任。那么，学校有没有一定的责任呢？答案是肯定的！同学们在校期间，校方存在着一定的监管责任，应对学生的人身及财产安全承担管理责任。

那么，对于性侵害行为造成的人身损害，被害人应该如何请求赔偿呢？

1. 构成刑事犯罪时，需提起刑事附事民事诉讼。根据我国《刑事诉讼法》的相关规定，刑事附带民事案件是指被害人由于被告人的犯罪行为而遭受物质损失的，在刑事诉讼过程中，有权提起附带民事诉讼。

因此，如果发生性侵害案件，对受害人造成人身伤害，需进行医治的，可通过刑事附带民事诉讼要求加害人承担一定的赔偿，主要包括医药费、护理费、伤残或死亡赔偿金等。但请注意，这里并不包括我们常说的"精神损害赔偿"。虽然性侵害行为给受害人的身心都带来了严重的伤害，但根据我国法律的明文规定，刑事附带民事诉讼中不可主张"精神损害赔偿"，且当无法律法规存在的例外情形时，不可单独另行提起民事诉讼。

2. 尚未构成刑事犯罪，仅为民事侵权行为的，可提起民事诉讼。根据法律规定，此时可由未成年人或其监护人（法定代理人）代为提起侵权之诉，由侵权人承担侵权责任（含精神损失费）。幼儿园、学校或者其他教育机构未尽到管理职责的，承担相应的补充责任。

> **自护小贴士**

校园里一般不允许校外人员自由出入，但事实上并不可能完全杜绝与校外人员的接触。所以，同学们在校园里应注意尽量少地与校外人员接触。也有些不法分子不一定进入校园，而可能会利用校园周边治安管理混乱等环境条件，引诱、强迫未成年人与之发生性关系。因此，上下学期间也应该小心留意校园周边的潜在危险。

上厕所时如果遇到色狼偷窥，先不必大声喊叫，以免打草惊蛇。可在厕所里给同学或老师发短信告知情况，让他们在门外做好接应工作围堵不法分子。如果消息无法传递出去，可检查随身是否带有或周边是否有可攻击对方的武器，做好一系列准备后再起身出来。大多数女生在厕所一遇见色狼就大惊失色，一时乱了分寸，使得不法分子成功逃脱。这种时候应保持镇定，先使对方措手不及，牵制住对方使其无法逃走，再大声叫喊，寻求援助。但如果案发当时，四下无人可求救，如在空荡无人的教学楼内，无救援条件时，切记不可激怒不法分子，应先行迅速逃离现场，同时努力记住对方相貌、身形，尽量保留证据，以供日后抓获犯罪嫌疑人之用。

同学们在校园内活动时也应注意做到"三不"：不单独前往人烟较少的地方，如树林、施工地点；不与来路不明、身份不明的人有过多接触，有不认识或不熟悉的异性相邀，应明确拒绝；不在上完课无人的教室逗留。

另外，同学们在日常交友时，应与行事正派、身心健康的人交朋友，避免与社会不良青年有过密交往。未成年人身心还未成熟，很容易上当受骗。近年来，社会上不乏出现因见网友、参加朋友聚会等原因而遭受性侵害的案件，皆因受害人轻信他人所致。同时，未成年人应自尊自爱，言行举止要大方得体，不贪小便宜、不爱慕虚荣，以免成为不法分子的侵害对象。如女生应衣着朴素，不能打扮得过于花哨，穿着不宜暴露，避免引起不法分子的犯罪欲望；不要轻易接受陌生人的礼物或其他物质诱惑，避免上当受害；注意言行举止，不可过于轻佻、放纵，以免使不法分子产生非分之想。总之，我们必须防患于未然，将危险杜绝在外！

▶ 测一测

这节的内容大家都学会了吗？请邀请你的家长或老师，让我们来一起做个小游戏来巩固一下学到的知识点吧！

由家长或老师与未成年人一起进行情景模拟。大人扮演意图不轨的不法分子，利用诈骗、强迫等手段侵害未成年人，要求未成年人面对不同的场景做出适当的反应来保护自己，再由家长或老师进行指导和补充。

第四节 亚当夏娃的禁果

▶ 案例链接

说起"开学"二字，对还沉溺于寒暑假玩乐的学生来说，无疑是欢乐时光的休止符。拖着行李箱从家赶回学校的路上，总是少不得还要再跟爸爸妈妈温存一会儿，撒娇一下。尤其是在寄宿学校上学的同学，一个月才能回家一趟，免不了让孩子离家返校时依依不舍。

然而与其他同学不同的是，王倩倩万分盼望能够尽快开学，仿佛学校对她有一种莫名的吸引力。

这到底是怎么一回事儿呢？

事情要从上学期期末说起，当时作为文体委员的王倩倩组织了一次班内的篮球赛，她也因此认识了有"篮板王子"之称的李志。在后来一来二往的接触中，王倩倩慢慢和李志互相产生了好感。李志身高1.8米，非常风趣幽默，学习成绩也一直是班里的佼佼者，早就俘虏了班上一大群女生，被她们称为"校园偶像"。尤其是篮球比赛时，他场场都赢得女生们的尖叫，王倩倩也慢慢地对他心动了。两人不顾学校禁止早恋的规定，偷偷地谈起了恋爱。

早恋的事情，在班上虽说不多，但同学们之间也都见怪不怪了，好像谁没有个暗恋对象，没有个男友女友，会被看作外星人一样"不懂情爱"。李志和王倩倩这一对"天作之合"也成为同学们暗地里艳羡的对象。

两人的关系如常进展，校园恋爱纯情得如漫画一样，直到李志的生日那一天。因为李志的爸爸、妈妈在外地工作，没时间为他庆祝，便留下了足够的钱让他和同学们尽情玩耍，所以李志便邀请了一大帮同学到自己家开生日会。生日会结束后，大家纷纷离开，作为女友的王倩倩留下帮李志收拾。夜深了，借着酒意，两人在空荡的房间里偷尝了禁果。

这天之后，李志慢慢清醒过来，一方面他担心王倩倩会不会像电视剧演的那样因此怀孕，另一方面他又侥幸地认为，只有一次性行为应该不会就这么容易怀孕吧?

然而无巧不成书，事情就是这么凑巧。事后不久，王倩倩发现自己没有再来例假，心里非常害怕。她既不敢向家人说，又怕李志知道后抛弃她。就这样，她每天恍恍惚惚，担惊受怕地度过了两个月。这两个月，她不仅课程全部被耽误了，精神状况也变得非常萎靡。

家人发现了王倩倩的异样，以为她身体不舒服，准备带她去医院检查身体。王倩倩立即表示反对，她害怕被父母知道事实后责怪于她。看到王倩倩坚决的态度，家人顿时觉得事有蹊跷，硬是把她带到了医院，经过检查，才惊异地发现小小年纪的她竟然怀孕了!

左右盘问之下，王倩倩终于道出了事情的原委。父母知道后自然非常气愤，但气愤之余，他们更心痛孩子幼小的身体要承受这样的伤害，也悔恨自己没有及早向孩子普及性知识。

最后，考虑到王倩倩未满 14 周岁，不具有性自主权，王倩倩的父母向公安局报了案。

等待李志的将是铁窗的生涯和终身的悔恨，而对于王倩倩，她将可能顶着一生的心理压力和他人异样的目光。两人在不合适的年龄偷食禁果，最终要重新面对自己的生活，接受"冲动的惩罚"。

案件来源

2012 年 5 月，小陈在 QQ 上聊天认识了小学刚毕业的小张。二人经过多次聊天，感觉彼此非常投缘，不久便发展成恋爱关系，周末时常相约一同出游、会面。2012 年 7 月，禁不住诱惑的二人初次发生了性关系，此后又多次发生性关系。至次年 2 月，小张的家人发现后立即向警方报案。

奉化法院审理后认为，小陈明知对方是不满 14 周岁的幼女，而多次与之发生性关系，以强奸罪论，从重处罚。又因小陈未满 18 周岁，依法应当减轻处罚。最终小陈被判处有期徒刑 1 年，缓刑 1 年 6 个月。[1]

法律警钟

◎ 法条索引

《关于依法惩治性侵害未成年人犯罪的意见》第十九条规定：知道或者应当知道对方是不满十四周岁的幼女，而实施奸淫等性侵害行为的，应当认定行为人"明知"对方是幼女。

对于不满十二周岁的被害人实施奸淫等性侵害行为的，应当认定行为人"明知"对方是幼女。

―――――――――

[1] http://daily.cnnb.com.cn/nbrb/html/2013-10/29/content_ 662812. htm? div = -1.

对于已满十二周岁不满十四周岁的被害人，从其身体发育状况、言谈举止、衣着特征、生活作息规律等观察可能是幼女，而实施奸淫等性侵害行为的，应当认定行为人"明知"对方是幼女。

第二十七条规定：已满十四周岁不满十六周岁的人偶尔与幼女发生性关系，情节轻微、未造成严重后果的，不认为是犯罪。

◎ 普法课堂

在一般人的看法中，可能会将本案例中的"两情相悦"误认为是"两小无猜"。然而我国《刑法》出于对未成年人的保护，明确规定凡与未满14周岁幼女发生性行为，且明知其年龄未满14周岁的，法律一律认定为"强奸"。许多未成年人对法律条文并不熟知，也不能很好地理解及认知性行为带来的后果。幼女一旦因性行为怀孕，不但会造成身体的损害，同时也很有可能会留下心理阴影，进而影响其一生的幸福。

虽然上述法条对未成年人间的"偶尔"性行为有放宽规定，这主要考虑到部分已满14周岁不满16周岁的少年与年纪相仿的幼女在正常交往、恋爱过程中自愿发生性行为的情况。但实际情况具有一定的复杂性，以及考虑到行为的危害性，如果对幼女造成了伤害严重，依然应依法认定为强奸罪。

▶ 自护小贴士

青少年处于青春期时，与异性之间相互吸引甚至产生倾慕之情，这是正常的生理现象。但考虑到大家都是在校学生，学校并不提倡男女同学谈恋爱，此举不仅是因为担心谈恋爱会影响大家的学业，更重要的是基于担忧可能会因此给身心尚不成熟的同学们带来伤害。案例中的王倩倩和李志，正是因为对青春期爱情的把握超越了底线，因好奇而偷尝禁果，才会在懵懂中伤害对方，同时也伤害了自己，并给自己和家人带来不可挽回的伤痛。

青春期时，正确地面对异性之间的情感是非常有必要的。如果有异性同学向你示好，希望和你进一步发展为男女朋友关系，应及时拒绝，并劝解对方应以学业为重。即使现在处在早恋中的同学们，也要理性面对和异性的身体接触，更不能盲目地认为与伴侣发生性行为可以表示自己的忠诚和爱心，这实质上是在自毁前程。而且，过早地发生行性为不仅违反学校规章制度，给校园秩序造成破坏，给他人带来不良示范，更为重要的是还会对自己尚不成熟的身体造成伤害，造成不可挽回的后果。

发生性行为后，还有可能导致意外怀孕。虽然这并非必然会发生，但大家千万不应抱以侥幸心理。一旦发现怀孕，不应因惊慌而手足无措，尤其是不可擅自随意处理，这时要与家长进行沟通、商量。实际生活中的反面案例比比皆是，意外怀孕的女生自作主张去黑诊所流产，结果对身体造成严重创伤，甚至影响日后生育。因此，在面对意外怀孕时，应及时向家长或身边的老师、亲友求助，不要因为惧怕家长责骂而偷偷隐瞒。做错了事情固然应该受到责罚，但如何更好地解决问题，同时也能保护自己，将伤害降至最低，才是应该放在第一位的！

▶ 测一测

阅读完本节的内容，你心中对于早恋应该注意的问题是否已有清晰的答案了呢？与你身边的同学和朋友们讨论一下青春期的烦恼吧，告诉他们早恋的危害，自己充当小老师，和他们一起分享你学到的知识吧！

▶ 电影推荐

本章向读者们推荐的是一部韩国现实主义电影——《熔炉》。

　　电影根据 2004 年发生在韩国的一起真实案件改编，讲述了在韩国当地一家聋哑福利学校中，校长及在校老师对残障学生实施性侵害及性暴力，孩子们由起初的不知反抗、不敢反抗，到后来在人权保护组织的帮助下，勇敢地站上法庭指证加害人的故事。

　　在学校生活中，我们也同样有可能会遭受不法分子的性侵害，大家要提前学会自我保护的知识，并在适当的时候懂得向他人求救，拿起法律武器惩治歹恶之徒！

本章导读

　　援助交际，简称为援交，是一个来源于日本的词语。援交刚开始是指未成年少女为了获取钱财而答应与男子约定见面，不一定会有性行为，但是发展到如今，其已经成为未成年女学生卖淫的代名词。本章我们将分四个小节，每个小节有一个小案例，通过这样的方式带领同学们从援助交际的起源、背景和发展史来读懂什么是援交行为，从而认识和理解援交行为的实质，学习自我保护的基本知识，并拿起法律的武器保护自己。拒绝援交，从我做起，希望每个青少年都能成为一个阳光而自信的好学生。

第一节　田若兰的心事

6月的雨如断线的水珠，伴随着初夏的微风，一滴一滴洒落在窗边。

田若兰托着下巴，不停地转动着手中的铅笔。"又在为还信用卡的欠账发愁了吧？"耳边传来一丝讥讽，说话的是晨风——田若兰的大学室友。

见田若兰没有回应，晨风又补充了一句，"花钱的时候掂量自己的钱包，没这么大的脑袋别戴这么大的帽子，你以为你是我。"

"切……"田若兰把头扭过一边，脸上流露出不悦的表情。晨风又向田若兰靠近了一点："我有赚钱的捷径。只要你愿意，凭你这脸蛋和身材，赚钱容易得很。"

田若兰似乎有些动心，语气稍微有一点缓和："一边去，没空理你。"脸上却是一副若有所思的样子。

"妈，我没钱了，给我打点钱吧。"田若兰打电话给妈妈撒娇道。

"怎么又没有钱了？上个星期刚给你打了700块，这么快就用光了？到底用到什么地方去了？你到底买了什么东西啊？"电话那头的妈妈开始质问起她来。

"停停停，我就烦你每次都一副打破砂锅问到底的语气，700块就这么点，还不够我买个护肤品，买件衣服我都嫌丢人。"田若兰说道。

"你省点用吧，家里的情况你又不是……"妈妈话还没有说完，田若兰就烦躁地把电话挂了。

第二天，在教室门口，田若兰把晨风偷偷拉到一旁，悄悄地问起她来："你昨天跟我说什么来钱快？我急着用钱。"

"哎哟，昨天不还是一副拒人千里的脸，今天肯低头了？"晨风忍不住又嘲讽田若兰一句。看她对自己的讥讽不予置理，晨风接着暗声说道："援交。"

听到"援交"这两个字，田若兰心里一震。平时田若兰爱看日剧，对于援助交际还是知道一点的，虽说平时挥金如土，也换过几个男朋友，但是她一时还是接受不了从事援交。但是在金钱的诱惑面前和晨风的循循诱导之下，最终田若兰还是答应下来了。

于是在晨风的安排下，田若兰走进了约定援交的宾馆。田若兰在房间里等待，此时她的心却在剧烈跳动着。对方会是怎么样的人？年纪大吗？他认识我吗？我会被别人发现吗？被发现以后我该怎么面对家人？一连串的问题在田若兰的脑海中不断盘旋。她顿时紧张不安起来，就连身体都不由自主随之紧张地颤抖起来，突然间她想放弃这次援交，只想冲出房门。

正在她纠结之时，门被打开了，走进来了一个五十多岁的中年男人，那个男人满脸油光，挺着个大肚子，脖子还戴着条大金链。见到田若兰年轻漂亮的脸蛋，该男子两眼发光，咽了下口水，暗暗自语道："这么漂亮的脸蛋，今天走运了。"田若兰见状，心里一颤，开始语无伦次起来："我……我不是你想的那种人，我是为了我生病的男朋友才做援交的……是为……为了他的医药费。"田若兰也不知道此刻自己为何要编这样的故事，或许是为了心里能好受一点。"小妹，不管你什么理由，我有的是钱。"中年人从裤兜里掏出了一沓钞票。"今天只要你把我服侍周到了，我自然不会亏待你。"中年人的语气忽然缓和下来。田若兰犹豫不定的心，在看到那大把钞票的瞬间，不再摇摆。

一夜过后，看着手里的钞票，田若兰转眼间就将之前的各种矛盾与纠结忘得烟消云散了，取而代之的是充满对援交"钱途"的憧憬，"这钱来得真快！我为什么还要去读书？"于是，彻底沦陷在拜金世界的田若兰，随后便跟随晨风开始了她纸醉金迷的援交生活，直到被公安机关以卖淫罪抓获。

▶ 案件来源

"援助交际"这种在日本盛行多年的丑陋现象，在沈阳出现了。[1]

▶ 法律警钟

◎ 法条索引

1.《儿童权利公约》第三十四条规定：缔约国承担保护儿童免遭一切形式的色情剥削和性侵犯之害，为此目的，缔约国尤应采取一切适当的国家、双边和多边措施，以防止：（A）引诱或强迫儿童从事任何非法的性生活；（B）利用儿童卖淫或从事其他非法的性行为；（C）利用儿童进行淫秽表演和充当淫秽题材。

2. 2006 年制定的《国民经济和社会发展第十一个五年规划纲要》明确要求："坚持儿童优生原则，实施儿童发展纲要，依法保障儿童生存权、发展权、受保护权和参与权，改善儿童成长环境，促进儿童身心健康发展。"

3.《未成年人保护法》第二条规定：本法所称未成年人是指未满十八周岁的中国公民。

第三条第一款规定：未成年人享有生存权、发展权、受保护权、参与权等权利，国家根据未成年人身心发展特点给予特

---

〔1〕《中国妇女报》2011 年 11 月 10 日。

殊、优先保护，保障未成年人的合法权益不受侵犯。

4.《关于依法惩治性侵害未成年人犯罪的意见》第十九条规定：知道或者应当知道对方是不满十四周岁的幼女，而实施奸淫等性侵害行为的，应当认定行为人"明知"对方是幼女。

对于不满十二周岁的被害人实施奸淫等性侵害行为的，应当认定行为人"明知"对方是幼女。

对于已满十二周岁不满十四周岁的被害人，从其身体发育状况、言谈举止、衣着特征、生活作息规律等观察可能是幼女，而实施奸淫等性侵害行为的，应当认定行为人"明知"对方是幼女。

◎ **普法课堂**

无论是我国还是国际社会，对于未成年人的保护无疑是备受关注与重视的共同主题。因生理和心理尚未发育成熟，国家秉持有利于未成年人良好成长和保护女性权利的原则，对于 14 周岁以下的幼女给予特别的保护。对于成年男子而言，明知对方是未满 14 周岁的幼龄女童，仍然与其发生性行为，就算得到了幼龄女童的答应，也同样构成强奸罪。明知妇女为患有严重精神疾病的病人或不能正确表达自己意识和意愿的人而与之性交的，无论犯罪分子采用何种手段或者方式，不管被害妇女是否表示"同意"或"答应"，都构成强奸罪。

▶ **自护小贴士**

"援助交际"一词，最早起源于 20 世纪 90 年代初的日本，最初是指少女为获得金钱、衣服或者其他利益而答应与男士约会，约会的内容包括陪伴对方吃饭、聊天或游玩。随着援助交际的发展，其逐渐成为性交易，实质上就是卖淫嫖娼活动。但与传统意义上的卖淫嫖娼又有所不同，援交的主体一般是未满 18 周岁尚处于青春期的少女，通常是在校的女学生，而交易的对象一般是年纪较大的中年男性。一些学者将家庭妇女等成年女性向男子提供陪护、聊天、性服务也称为援交。本章所指的"援助交际"特指未满18周岁的未成年少女向成年男子提供有偿约会或性服务。有两点需要注意：第一，提供性服务并不是援助交际的必要内容，也可是少女提供自身贴身衣物，满足有恋物癖男子的特殊需求；第二，见面也不是必需的内容。援助交际可通过论坛、电话、视频等方式满足对方需要。援助交际行为的形式与渠道日益广泛，严重危害着未成年少女的成长环境，已经引起各个国家甚至是国际上的普遍关注。

具体到本案例中，田若兰作为一名在校女学生，为了得到金钱上的利益而与他人进行性交易，这就是一种典型的援助交际行为，实质上就是卖淫，是一种违法行为。至于晨风，她引诱田若兰"入行"，而且为其介绍"金主"，安排地方进行卖淫，涉及触犯了《刑法》第三百五十九条规定的引诱、容留、介绍卖淫罪，本章第三小节对此罪名有具体的介绍，在此暂不赘述。对于社会上一些不怀好意的人，在校学生要保持自己的警惕，不要轻易与之交谈，他们对你恐吓或者纠缠，一定不要害怕，将情况及时向父母和老师反映。带手机上学的同学，对于不明来历号码的信息或来电，拒绝回复或接听是最正确的做法。

想要获得充裕的物质享受，提高生活质量，这本是人之常情。但古语说得好，"君子爱财，取之有道。"想要得到自己憧憬的一切，都要依靠我们自己的双手努力奋斗，通过合法的渠道来获取。天下没有免费的午餐，所有的东西都是等价交换的，轻易得到也意味着容易失去。今天，出卖自己年轻的身体去换取信手拈来的金钱，那明天呢？当青春逝去，已成明日黄花，无人问津之时，只会是落得悲惨的下场。红颜易迟暮，虽然美丽存在有效期，但智慧却不会随时光逝去，所以我们应当将青春放在无限升值的学习之上。

> **测一测**

关于未成年人的性教育，相对于国外而言，我国目前仍处于一种相对回避的状态。需要正视的是，性并不神秘，同学们应该以正确的态度去对待。有关于性，本书第一章有详细的讲解，这里不再重复。下面有四个问题，请同学们课后思考。

1. 什么是援助交际？
2. 援助交际的实质是什么？
3. 你如何看待拜金一族？
4. 在日常生活中，你是否属于拜金一族？

第二节　爱吃惹的祸

▶ **案例链接**

邓婧娴出生在一个典型的小康家庭，父亲是名警察，母亲是位医生。她的家庭条件，虽不算得上是富裕，但也可谓是衣食无忧。

"今天怎么又被老师教训了？又要喊我妈来学校了。"邓婧娴一阵叹息。她的同桌杨晓莉听完，开玩笑说："哎呀，你也懂得不好意思，这些你不都习惯了嘛。"

邓婧娴摸了摸脑袋，背往椅子后面一靠，双脚顺势叉在桌子上，撇了撇嘴："叫家长不是问题，就是担心这个月的零花钱又要被减少了，之前上网吧欠的钱还没还清呢。"

"不如我们逃课吧，去趟超市买些零食，听说最近新进了一批巧克力哦。"杨晓莉一副迫不及待的样子，"吃货"邓婧娴听到"巧克力"三个字瞬间就来精神了，"走起！唉，等等……咱们没钱呀！""对喔……"杨晓莉也一副无精打采的样子。

邓婧娴一个人走在回家的路上，傍晚的余晖照在她的肩膀上，地上无力的影子反映出主人此刻的心情。

"嗨！邓婧娴。"身后传来一声呼喊。邓婧娴转身一看，原来是自己的男朋友小明。"这呢。"邓婧娴无力地回应着。小明上前一把抱住邓婧娴，顺势搂着她的腰。听了邓婧娴一阵诉苦后，小明说道："跟我走，今晚我带你去放松放松。"

小明带邓婧娴来到一间酒吧，酒吧里的一切对于邓婧娴来说都很新奇，爆破般的音响，摇晃的舞姿，邓婧娴瞬间被感染了。"怎么样？还行吧？"小明一边摇摆着身体一边问道。"这感觉实在是太棒了！这音效比我在家听得爽多了。那边怎么还有人跳舞？看起来很好玩的样子。快快快，陪我去舞池玩玩！"邓婧娴一口气就把啤酒喝掉，拉着小明就往舞池中央走去。随着劲爆的音乐，邓婧娴慢慢也迷醉起来。在酒精的作用下，那天晚上邓婧娴和小明发生了性关系。一早醒来，邓婧娴意识到昨晚发生的事情让她失去了女孩最珍贵的第一次，心里说不出的后悔。

一个星期后，独自走在大街上的邓婧娴，肚子的馋虫又开始发作了。对于"吃货"邓婧娴来说，零食是她最大的命脉，但却又苦于没有钱，只能眼巴巴地看着玻璃橱窗里面的零食。

这时候，一个满脸油光的大叔慢慢靠近了邓婧娴，并上前搭讪道："小妹妹，你想吃零食吗？我给你买哦。"邓婧娴想都没想便一口答应："好啊！"随后，这位大叔便为邓婧娴买了一堆她心仪的零食。坐在公园的椅子上，邓婧娴愉快地吃了起来，丝毫没有注意到渐渐暗下来的天色。大叔慢慢地往还在埋头吃零食的邓婧娴靠近，手也搭到她的肩膀上。邓婧娴一下子惊觉，连忙退到一边："你干嘛？"大叔不怀好意地说道："小妹妹，吃我给你买的零食的时候，可没见你这么冷淡。零食好吃吗？想以后还有零食吃的话，你就要乖乖听我的话哦。"

听到大叔的话，邓婧娴不好意思地低下头来，"吃人嘴软，拿人手短"的道理她还是懂的。随后，那个大叔把她带到一个宾馆，邓婧娴此时也知道接下来将会发生什么。但想起刚才大叔承诺以后给她买零食的诱惑，她心里一横，反正自己之前与男友小明发生了关系，已经不再是处女了，和谁上床不是上床，而且以后还不断的有免费零食吃就行了！经过一番自我安慰的心理暗示后，邓婧娴走进了宾馆。从此，她开始了援交少女的生活，一次次交易，一次次沦落。

案件来源

从 2010 年至今，某研究人员带着一个 6 人的课题组，在重庆开展一项"在校女学生援助交际问题研究"访谈。[1]

法律警钟

◎ 法条索引

1. 《未成年人保护法》第三十六条第一款规定：中小学校园周边不得设置营业性歌舞娱乐场所、互联网上网服务营业场所等不适宜未成年人活动的场所。

第三十七条规定：禁止向未成年人出售烟酒，经营者应当在显著位置设置不向未成年人出售烟酒的标志；对难以判明是否已成年的，应当要求其出示身份证件。

2. 《刑法》第二十条规定：为了使国家、公共利益、本人或者他人的人身、财产和其他权利免受正在进行的不法侵害，而采取的制止不法侵害的行为，对不法侵害人造成损害的，属于正当防卫，不负刑事责任。

正当防卫明显超过必要限度造成重大损害的，应当负刑事责任，但是应当减轻或者免除处罚。

---

〔1〕《重庆日报》2014 年 11 月 7 日。

对正在进行行凶、杀人、抢劫、强奸、绑架以及其他严重危及人身安全的暴力犯罪，采取防卫行为，造成不法侵害人伤亡的，不属于防卫过当，不负刑事责任。

第二百三十六条规定：以暴力、胁迫或者其他手段强奸妇女的，处三年以上十年以下有期徒刑。

奸淫不满十四周岁的幼女的，以强奸论，从重处罚。

强奸妇女、奸淫幼女，有下列情形之一的，处十年以上有期徒刑、无期徒刑或者死刑：（一）强奸妇女、奸淫幼女情节恶劣的；（二）强奸妇女、奸淫幼女多人的；（三）在公共场所当众强奸妇女的；（四）二人以上轮奸的；（五）致使被害人重伤、死亡或者造成其他严重后果的。

第二百三十七条规定：以暴力、胁迫或者其他方法强制猥亵妇女或者侮辱妇女的，处五年以下有期徒刑或者拘役。

聚众或者在公共场所当众犯前款罪的，或者有其他恶劣情节的，处五年以上有期徒刑。

猥亵儿童的，依照前两款的规定从重处罚。

◎ 普法课堂

我国对于暴力侵害妇女性权利的行为，向来是给予侵害人最严厉的打击。所以，假如女同学们遇到这样的情况，在保持自己人身安全的前提下，要敢于和罪犯作斗争。说到与罪犯作斗争，在这里我们需要对我国《刑法》第二十条第三款的"强奸情况"作进一步解读。该条款的意思就是说，当我们正处在遭受加害人实施强奸的过程中，此时即使我们正当反抗造成不法分子伤亡，也不需要承担任何责任，国家支持这样的自护行为。

》| 自护小贴士

"以热爱祖国为荣、以危害祖国为耻，以服务人民为荣、以背离人民为耻，以崇尚科学为荣、以愚昧无知为耻，以辛勤劳动为荣、以好逸恶劳为耻，以团结互助为荣、以损人利己为耻，以诚实守信为荣、以见利忘义为耻，以遵纪守法为荣、以违法乱纪为耻，以艰苦奋斗为荣、以骄奢淫逸为耻。"这是胡锦涛同志关于荣辱观的八个方面，概括精辟，寓意深刻。这都是我们民族珍贵的思想财富，是我们民族屹立世界民族之林五千年而不倒的脊梁。不可否认的是，现代社会生活多姿多彩，给了每个人自由选择自己的生活方式。但无论怎样选择，在一些基本问题上依然要有自己坚持的底线和遵守的原则，都不能离开两者之范畴。而类似援助交际、卖淫嫖娼此等行为，置基本道德于不顾，是不可取的，是需要我们坚决杜绝的行为。

具体到本案例中，邓婧娴因为贪于一时的口腹之快，居然为了免费的零食而走上了援助交际的道路，令人唏嘘不已。可是应该看到，之前她因为宿醉和男友小明发生了性关系，失去处女之身，最后索性为了一点利益破罐子破摔，当上了援交少女。可以说，这"初夜"是邓婧娴走上援交的开端。同学们都听说过"千里之堤，毁于蚁穴"，一旦在年少时期，将性的闸门轻易打开，其后对于自身的道德约束就容易变得轻视而无所谓，最终危害个人的成长与未来道路。过早接触性，这是非常危险的一种现象。性，是上帝所给予的最美好礼物。它是如此的美好，但滥用它也能使人堕落。性，是潘多拉魔盒，正确地对待和认识性行为，能够让爱人之间的关系得到进一步的亲近。但错误的滥用性行为，则会给女性带来身心上的损害，同时也会受到他人的轻视。

援交起源地是日本，一个对于性相对开放的国家。面对日益严重援交的状况，即使是这个较为开放的国家也采取了一定的措施，包括禁止中小学生携带手机回校、过滤未成年人手机信息等手段。更何况是拥有五千年灿烂传统文化的中国，作为礼仪之邦，我国向来对个人名节无比重视。如果仅仅为了追求时尚或物质享受而出卖自己的身体，奢靡之风泛滥，就会形成不良的社会风气，甚至可能威胁到我们中华优良传统美德的传承。

》｜测一测

本小节结束了，相信同学们对新学的内容有了一定的掌握，对于我国的传统思想道德教育有了自己一定的看法。

下面有四个问题，请同学们课后思考一下。

1. "八荣八耻"的内容是什么？

2. 我国传统美德有哪些？

3. 我国对于侵犯妇女权益的行为是什么态度？

4. 什么情况下的防卫造成不法侵害人伤亡的，不负刑事责任？

第三节　吴子慧的秘密

▶ 案例链接

吴子慧和林静是打小就在一块玩耍的邻居。吴子慧在一所普通高中上学。林静因为家庭困难，辍学后，在社会上打散工。一天，两人效仿起大人相约在一个酒吧喝酒。

"唉，生活艰难呀。真是羡慕你家里条件好，还能继续在学校读书。什么都不用考虑，不用为了生计奔波。"说完，林静学着周围的大人拿起酒杯抿了小口酒，顿时被辛辣的酒呛了一口。

吴子慧听后，摇了摇头，也大吐苦水起来："好什么好。你不知道父母管我零花钱管得死死的，出去吃顿饭的钱都没有。学校里天天被老师穿小鞋，成绩差怎么了，成绩差就不是好学生了吗?"吴子慧叹了口气,继续说道:"也罢,姐不在乎了。爱咋的咋的,不就是挂科嘛,有什么了不起的!来,干杯!"

"干杯,让不愉快的事情都见鬼去吧!"林静忙附和道。

不知不觉吴子慧和林静就喝到了凌晨两点,两人摇摇晃晃地走在马路上,嘴里还不忘嘟囔着各种不顺心的事情。

"不如我们去援交吧。"吴子慧停下脚步,忽然说道。

"我是听说过这事,很赚钱,但是要陪睡。我有点接受不了。"林静说道。

"怕什么,我才不在乎那些事情。"趁着酒意吴子慧说道。

林静连忙摇了摇头:"还是不要了,回家睡觉去吧。"此时的林静还以为这只是吴子慧一时的玩笑,谁知道这才是她噩梦的开始。

吴子慧在学校的成绩越来越差,以至于最后她完全丧失了对读书的兴趣。她以各种理由逃学,终日混迹于各种网吧和酒吧,也因此认识了很多社会青年,其中不乏混迹援交圈中的少女们。在她们的介绍下,吴子慧也走上了援交的道路,由刚开始的纠结,到后来的如鱼得水,在错误的道路上越走越远。

某一天,吴子慧和林静再次相聚上次的那家酒吧。林静这时才从吴子慧的口中得知她已经是一名援交少女的事实。

"你想钱想疯了呀?这种事情你都敢做。你就不怕你爸妈知道打死你吗?"林静着急劝道。

"嘘,你小声点。你不说,我不说,不会有人知道的。你放心,我们都是职业化的团队,有人联系,有人把风,还有人看场子,很安全的,接到通知我只要到宾馆就可以了,来钱特别快。"吴子慧一脸得意地说道。看了下四周无人,她赶紧凑到林静的耳边,低声说:"你有没有兴趣?我们一起赚钱吧!最近老板很多,一个晚上能赚上千块,比你打工好多了。"

"不,我拒绝。"林静听完气得脸都白了,斩钉截铁地说道。

"本来想和你好好说的,看来你并不领情,我只好来硬的。"

吴子慧忽然变脸，恶狠狠地说道。她话音未落，门后就冲进几名陌生的男子，他们团团把林静围住。

一时间，林静被人多势众的援交圈吓坏了，最终在吴子慧的威逼利诱之下，同意加入她的圈子。正是由于软弱与妥协，林静屈服在吴子慧的逼迫之下，不敢告诉亲人。

久而久之，林静便和吴子慧一起组成了一个援交的圈子。两人不仅自己从事援交，还一起合计将爪牙伸向了自己之前的学校，在认识的同学、朋友之间介绍参与卖淫，两人从中收取中介费。两人不仅没有意识到这种行为是犯罪行为，反而愈来愈过分，除了自己援交，有时诱骗甚至强迫自己的朋友与同学从事性交易。

由于性交过于频繁且不注意卫生，吴子慧和林静都患上了各种严重的妇科疾病。疾病的困扰引发了精神上的紧张和困扰，两人的生活变得苦不堪言。直到后来，她们所在的援交圈被媒体曝光，两人也随即被公安机关逮捕。

▶ 案件来源

震惊全国的"上海中学女生援助交际"事件源于 2011 年，闸北区检察院对未成年少女参与卖淫和介绍卖淫的重大案件提起公诉。此案件涉案人员 20 人，其中大部分为在校的未成年学生，2 人为未满 14 周岁的幼女。不少涉案的未成年女生为享乐而主动卖淫、介绍卖淫。[1]

▶ 法律警钟

◎ 法条索引

1.《治安管理处罚法》第六十六条规定：卖淫、嫖娼的，

---

[1]《中国新闻周刊》2014 年 11 月 18 日。

处十日以上十五日以下拘留，可以并处五千元以下罚款；情节较轻的，处五日以下拘留或者五百元以下罚款。

在公共场所拉客招嫖的，处五日以下拘留或者五百元以下罚款。

第六十七条规定：引诱、容留、介绍他人卖淫的，处十日以上十五日以下拘留，可以并处五千元以下罚款；情节较轻的，处五日以下拘留或者五百元以下罚款。

2.《刑法》第三百五十八条规定：组织、强迫他人卖淫的，处五年以上十年以下有期徒刑，并处罚金；情节严重的，处十年以上有期徒刑或者无期徒刑，并处罚金或者没收财产。

组织、强迫未成年人卖淫的，依照前款的规定从重处罚。

犯前两款罪，并有杀害、伤害、强奸、绑架等犯罪行为的，依照数罪并罚的规定处罚。

为组织卖淫的人招募、运送人员或者有其他协助组织他人卖淫行为的，处五年以下有期徒刑，并处罚金；情节严重的，处五年以上十年以下有期徒刑，并处罚金。

第三百五十九条第一款规定：引诱、容留、介绍他人卖淫的，处五年以下有期徒刑、拘役或管制，并处罚金。

第三百六十一条规定：旅馆业、饮食服务业、文化娱乐业、出租汽车业等单位的人员，利用本单位的条件，组织、强迫、引诱、容留、介绍他人卖淫的，依照本法第三百五十八条、第三百五十九条的规定定罪处罚。

前款所列单位的主要负责人，犯前款罪的，从重处罚。

◎ 普法课堂

这里也许会有同学问，同样是引诱、容留、介绍他人卖淫，为何《治安管理处罚法》与《刑法》的惩处会有所差异呢？

两者差异的关键在于行为对社会的危害程度不同。例如，一次介绍他人卖淫与一百次介绍他人卖淫相比较而言，后者造成的社会危害程度明显大于前者，所以适用的法律与处罚不同。

"组织他人卖淫"主要是指有预谋、有计划地组织一些卖淫妇女进行卖淫活动，从中牟取利益的行为。"强迫他人卖淫"主要是指行为人采用暴力威胁，以至于压迫他人，使其违背本人意志，迫使他人卖淫的行为。

判断组织、容留他人卖淫，视其是否有组织他人卖淫的故意，是否有计划、有预谋地实施了组织他人卖淫的行为。如果没有组织他人卖淫的故意，则不构成犯罪。

▶ 自护小贴士

援助交际对少女造成的危害大体分为两部分，即生理伤害和心理伤害。首先是生理伤害。未成年少女生理发育尚未成熟，过早的性生活会给性器官带来严重的损害。基于援交的实际情况而言，过度频繁且不卫生的性交活动，还很有可能会给女性带来各种妇科疾病。假如因此不慎早孕，人流手术的风险甚至有可能导致未来不孕。其次是心理伤害。心理伤害往往因身体上的受伤随之而来。一方面，各种疾病的困扰，不能对父母启齿，身边又没有关爱自己的人，凄凉处境中的心理往往很脆弱；另一方面，不劳而获容易让人的心里滋生惰性，使人的价值观扭曲。其实，在校园的草坪享受午后的阳光，与同学们在课后的打闹，放学与亲密的玩伴共同回家，这些才是属于青少年时代最宝贵的财富。

具体到上述案件中的吴子慧，参加援交本来就是违法的活动，她不仅自己参与卖淫活动，而且还组织、强迫其同学和朋友进行卖淫活动，吴子慧的行为就触犯了组织卖淫罪。假如同学们在日常生活中，遇到类似林静这样被迫参加卖淫的情形，一定不要屈服于坏人的淫威之下，回家立即就告诉父母，在父母的陪同下去当地公安机关报案。越是害怕坏人，结果只会越**陷越深**。

司法实践中发现一个较为普通的现象，那就是因为缺乏法律常识，很多援交少女并没有正确认识自己行为的错误性和危害性，她们以为援交仅仅是一种"你情我愿"的交易。其实"组织援交"符合一定条件，就会触犯刑法，是一种犯罪行为，同学们要引以为戒。

▶ 测一测

通过这一小节的学习，相信同学们已经掌握了一定的知识。下面有四个问题，请同学们课后思考。

1. 援助交际会造成什么生理危害？
2. 援助交际会造成什么心理危害？
3. 谈一谈怎么样保护自身安全？
4. 组织卖淫、嫖娼行为将会受到什么处罚？

第四节　阳光总在风雨后

▶ 案例链接

13 岁，对绝大多数的孩子来说，正是处于备受父母疼爱、无忧无虑的年龄，但是对于小慧来说，这种生活只是出现在梦里。

"爸，我回来了。"小慧习惯性地放下手里的麻布袋，疲倦的脸上勉强挤出一丝笑容，似乎在掩盖些什么。

两年前，小慧的父亲在工地工作时被意外掉落的砖头砸中，导致颅脑损伤，下半身也随之瘫痪。一时间，家里的顶梁柱轰然坍塌。治疗父亲瘫痪的巨额费用，对原本不大宽裕的家庭来说更是雪上加霜。小慧的母亲无奈只得外出工作，妹妹小欢尚属幼儿，作为家中的长女，照料家庭的重担自然落在了她的肩上。

"姐姐，你回来啦。今天有没有带什么好吃的回来？我的肚子好饿。"妹妹小欢指了指自己的肚子，可怜巴巴地说道。

"小欢乖，先去写作业，姐姐待会就煮好饭了。"小慧微微一笑说道，然后往父亲的房间走去。

小慧掀开父亲的被子，用弱小的身子把父亲支起来。然后，她开始熟练地按摩着父亲的双腿，这是小慧每天回来的必修课。

"爸，今天感觉怎么样？"小慧关心地问道。"还是老样子，下半身没有知觉。辛苦你了，小慧。本来爸爸应该给你一个幸福快乐的童年的，现在却让你放学去捡破烂补贴家计，都怪我！"父亲用力敲打着他没有知觉的大腿。小慧见状连忙阻止，眼里闪过一丝泪光，但却又再一次挤出一个笑脸。"爸！你干嘛呢？这活动身子的动作也太大了吧。谁说我现在不高兴的，见到你安然无恙，我们一家人都好好的，这就是我最大的幸福。你看，这是今天老师发给我的奖状，我全校第一名呢！"说着从包里拿出一张奖状。父亲眼里泪光闪烁，"好好好，爸爸最大的骄傲就是有你这个女儿。"小慧笑得很开心，但事实上，父女两人都知道，他们家已经快负担不起小慧的学费了。

夜里 11 点，小慧把家里的一切整理完毕后，疲倦地躺在床上。她深深地吸了一口气，泪水就开始止不住地往下流，头脑里闪过了今天的一幕。

傍晚时分，由于放学较晚，小慧选择了一条偏僻的小路回家。就在离家还有一个转弯口的时候，小慧忽然被一个陌生人一把抱住，对方意图性侵她，嘴上还吐露威胁的话语："不要反抗，不然我把你杀了。"小慧顿时惊慌失措，开始拼命挣扎，脑海不断回想平时老师在课上教授的自我防护知识。她抓住时机一口咬开歹徒捂着自己嘴的手，大声呼叫。看到小慧反抗这么激烈，歹徒担心行迹暴露，便放弃了对她的性侵，仓皇逃跑。

"家里很需要我，我要保护好自己，这样才能保护好我的家人。"小慧暗自下了决心。第二天，小慧先到居委会寻求帮助，在居委会阿姨的带领下到公安机关报案，最终把嫌疑人抓住了。

雨不会一直下，它终究会停，不幸的生活也如此。5 年后，在小慧悉心的照顾之下，父亲的病终于好了。当年的工伤医疗费，因有关部门帮助爸爸对工地老板不断追偿，最终得到了合理的赔偿，家里的环境慢慢好转起来。经过自身的努力，小慧也以优异的成绩考上了省里的一所重点大学。她的事迹在当地广为流传，被称为"模范先锋"。

案件来源

2013 年 3 月 27 日，广东省廉江市发生了一起重大性侵案件。网上有人发布消息称，一名年仅 17 岁的少女在夜间遭到 10 多名陌生男子的暴戾轮奸，最终导致该女生大量严重出血，后被送往医院抢救。廉江市相关人员称，其中 7 名犯罪嫌疑人大部分不满 18 周岁，其中还包括在校的中学生。[1]

法律警钟

◎ 法条索引

1.《未成年人保护法》第十条规定：父母或者其他监护人应当创造良好、和睦的家庭环境，依法履行对未成年人的监护职责和抚养义务。

禁止对未成年人实施家庭暴力，禁止虐待、遗弃未成年人，禁止溺婴和其他残害婴儿的行为，不得歧视女性未成年人或者有残疾的未成年人。

第十六条规定：父母因外出务工或者其他原因不能履行对

---

〔1〕《南方都市报》2013 年 3 月 26 日。

未成年人监护职责的，应当委托有监护能力的其他成年人代为监护。

第五十条规定：公安机关、人民检察院、人民法院以及司法行政部门，应当依法履行职责，在司法活动中保护未成年人的合法权益。

2.《刑法》第二百六十条第一款、第二款规定：虐待家庭成员，情节恶劣的，处二年以下有期徒刑、拘役或者管制。

犯前款罪，致使被害人重伤、死亡的，处二年以上七年以下有期徒刑。

3.《关于依法处理监护人侵害未成年人权益行为若干问题的意见》第十七条第一款规定：未成年人的其他监护人、近亲属要求照料未成年人的，经公安机关或者村（居）民委员会确认其身份后，未成年人救助保护机构可以将未成年人交由其照料，终止临时监护。

◎ 普法课堂

虐待行为一般可分为两类：一是针对肉体的摧残折磨，如殴打、监禁、捆绑等；二是针对精神上的折磨，如诅咒、恶毒讽刺、侮辱人格等。构成虐待罪的摧残、折磨必须具有经常性、一贯性的特点，如果偶尔为之，不构成犯罪。

未成年人保护是我国法律保护中的重要内容，而监护人保护制度则是未成年人保护制度中至关重要的一环。未成年人在家庭中往往处于弱势地位，在现实生活中，父母把生活压力产生的不良情绪发泄到孩子身上从而形成家庭虐待，诸如此类的现象屡见不鲜。完善未成年人监护制度，对于未成年人的保护和给予未成年人良好的成长环境都具有重要的意义。

同学们，父母偶尔善意轻微的肢体惩罚是爱的表现。但假如长年累月不问缘由地对我们进行殴打，这就是虐待。遇到家庭虐待，请同学们不要沉默容忍，应尽快向当地的村（居）委会或者公安机关寻求帮助。如果需要咨询法律上的问题，也可以到当地的司法局寻求法律援助。

》| 自护小贴士

援助交际不是时尚，不是潮流，更不是一种赚钱的手段。它是腐朽堕落的表现，甚至是一种违法犯罪行为。从某种意义上说，女同学一旦从事援助交际，将来只会越陷越深，最终沦为失足妇女。所以，同学们应该重视这种日益严重的援交现状。希望同学们不要一笑而过，因为每一个案例链接的背后都是悲惨的真实事件，都是身边的警钟。学习完本章的内容，要有自己一定的思考，思考这种援交行为是否可取，是否合法，假如这种现象在中国社会越来越泛滥的话，它会产生何种负面的影响。

具体到案例链接中，小慧的家里处于非常困难的时期，她主动担负起照料家庭的重任，这种勇于承担的精神是非常值得同学们去学习的。而小慧差点遭遇性侵的经历也提醒我们，在入夜天黑的时候，特别是女孩子，不要选择偏僻的小路独自行走，宁可多走些路，也要选择人多的光明街道，而且最好是与其他同学结伴而行。

说了这么多自护的策略，其实国家和社会对维护未成年人的健康成长做出了很大的努力，与此同时，也需要同学们积极接受并遵从国家正确的引导。

最后，在此对同学们自身的心态也提出一些建议。青少年正处于叛逆期这一敏感时期，同学们也许会对家长或老师的苦口婆心感到厌烦不已，这是正常的。但希望同学们记住，长辈说的话不一定正确，但却一定要牢记并且借鉴，因为这是他们从多年生活中总结的经验教训，危急时刻可能会对我们有所帮助。更何况父母与老师是出于真切的关心才会对你在意，出于心里的爱护才会对你唠叨。

拒绝援交，珍爱自己，从我做起，从抵制身边的诱惑做起。

▷ 测一测

本章的学习到此已经结束了，下面有四个问题，请同学们课后思考。

1. 综合整章内容谈一谈你对援助交际行为的看法；
2. 综合整章内容谈一谈你对援助交际危害的看法；
3. 综合整章内容谈一谈你对我国传统文化的认识；
4. 综合整章内容谈一谈你以后该怎么做。

▷ 电影推荐

本章推荐的不是电影，而是一档精品节目——《感动中国十大人物》，这是中央电视台打造的一个精神品牌栏目，也是中央电视台推出的特色栏目。让我们像节目中的主人公一样艰苦奋斗、自立自强，怀着一颗感恩的心，一路前行。

青秀区检察院向中学生捐赠法律图书

第七章

心理抚慰

本章导读

　　本章力图通过加强大家对生活常识的熟悉与掌握，提升小朋友们对性心理知识的了解程度，增强自身的防御能力。通过对常见问题的分析，使小朋友们学会如何疏导他人，放松自己的情绪，增强自我保护意识。通过对性问题的正确认知弥补对性知识的缺失，起到对性方面心理问题答疑解惑的作用。通过本章的学习，小读者们能正确地认知遭遇性侵害后所面临的常见心理状况，为其学习和生活提供指引，避免因懵懂无知而遭受到不必要的伤害。同时，通过学习使小朋友们明白应如何关心周围有心理创伤的朋友，疏导他人的情绪。

第一节　糖果包裹的伤害

"陆爷爷，陆爷爷，今天还有好吃的吗？"晓曼走在陆爷爷的后面追问道。陆爷爷笑呵呵地回答："当然有啊，跟我来吧！"晓曼向陆爷爷讨要零食这一幕又如往常一样发生了。两人并非亲爷孙，陆爷爷为何要频繁给晓曼零食呢？

原来晓曼今年才6岁，爸爸、妈妈都出去打工了，平时就待在姥姥家。姥姥家的条件不是很好，没有多余的钱给晓曼买零食吃。而这位陆爷爷是晓曼姥姥同村的邻居，60多岁了，他看出了晓曼对零食的渴望，便时常把晓曼带到家中，给她找出好吃的零食，然后就在晓曼身上到处乱摸。晓曼对这一切都不太懂，只知道陆爷爷家有好吃的，虽然感觉有点奇怪，但也不以为然。

平时和晓曼一起去陆爷爷家的还有忆洁，她比晓曼要大些，12岁了，对陆爷爷对她们两人所做的行为似懂非懂。但陆爷爷交代过不能告诉父母，否则不仅不会再有吃的，还会"倒霉"。忆洁的妈妈没有出去打工，只有爸爸一人外出打工。经历了几次陆爷爷不正当的行为之后，她内心充满了恐惧，不知道该不该跟妈妈说。

这天，一番纠结之后，忆洁问起同样经历的晓曼："陆爷爷的行为有没有让你觉得不舒服啊？"晓曼说："好像是有一点，但是有好吃的啊！"忆洁问完晓曼，没有得到想要的答复。因为晓曼的年纪太小，不明白平时装出一副慈祥样子的陆爷爷对自己实施的行为的严重性。

　　忆洁内心的疑虑越积越深，试图叫别人帮自己解答，但又开不了口。忆洁不敢问自己的同学，因为她的内心似乎慢慢有了一点点答案，隐约知道这样是不对的。她怕一说出口，换来的不是答案而是嘲笑和讥讽，害怕同学们会用异样的眼光看待她。

　　妈妈是忆洁平时最亲近的人，然而每当忆洁试图鼓起勇气想向妈妈说明情况时，陆爷爷的话就回荡在耳边。"'倒霉'是什么意思，是不是会找我麻烦？"这样的担忧在忆洁心中不断浮现。忆洁不仅担心陆爷爷的报复，还担心妈妈的责怪。

　　忆洁叫晓曼不要再去陆爷爷家，晓曼问为什么，忆洁也说不清楚。时间就这样慢慢地流逝，忆洁心中的疑虑也迟迟得不到解决。她没有再去陆爷爷家了，但下体的不适感却日益明显。最终，妈妈发现了忆洁的不对劲，便问她："孩子，你最近怎么了？"忆洁听完妈妈的问话，支支吾吾起来。妈妈见状更加感觉不对劲，便耐心地开始引导着忆洁，鼓励她勇敢地说出发生的事。忆洁长舒一口气，向妈妈交代了事情的原委。妈妈听完，大吃一惊，不敢相信自己的女儿竟然经历着这样的事情，原来平时慈眉善目的陆爷爷竟然如此禽兽不如。气愤的忆洁妈妈迅速报了警。

　　最终，等待陆某的是法律的制裁，等待忆洁的是对自己经历的悔恨和对未来的迷茫，等待晓曼的是继续懵懂的生活。遭受伤害而浑然不知，我们应该将这样的悲剧归结于谁？无知的幼童，懵懂的少年，失职的父母长辈还是像陆某一样禽兽不如的人？

▶│ 案例来源

　　在长达一年半的时间里，年仅13岁的小雨遭受62岁袁某的多次强奸及猥亵行为。小雨是留守儿童，袁某发泄完后经常会给小雨一些吃的或零用钱，可怜的小雨遭受侵害而浑然不知。[1]

》 | 法律警钟

◎ 法条索引

1.《未成年人保护法》第十一条规定：父母或者其他监护人应当关注未成年人的生理、心理状况和行为习惯，以健康的思想、良好的品行和适当的方法教育和影响未成年人，引导未成年人进行有益身心健康的活动，预防和制止未成年人吸烟、酗酒、流浪、沉迷网络以及赌博、吸毒、卖淫等行为。

第十六条规定：父母因外出务工或者其他原因不能履行对未成年人监护职责的，应当委托有监护能力的其他成年人代为监护。

第十九条规定：学校应当根据未成年学生身心发展的特点，对他们进行社会生活指导、心理健康辅导和青春期教育。

2.《刑法》第二百三十七条规定：以暴力、胁迫或者其他方法强制猥亵他人或者侮辱妇女的，处五年以下有期徒刑或者拘役。

聚众或者在公共场所当众犯前款罪的，或者有其他恶劣情节的，处五年以上有期徒刑。

猥亵儿童的，依照前两款的规定从重处罚。

3.《最高人民法院关于审理人身损害赔偿案件适用法律若干问题的解释》第一条第一款规定：因生命、健康、身体遭受侵害，赔偿权利人起诉请求赔偿义务人赔偿财产损失和精神损害的，人民法院应予受理。

◎ 普法课堂

看着案例中受到伤害的小朋友，她们的遭遇的确值得同情，

---

[1] http://zjnews.zjol.com.cn/05zjnews/system/2012/06/28/018614365.shtml.

但更令人惋惜的是她们在遭受侵害时竟然不知道对方侵犯了自己的权益。为了更好地认知自己的权益，我们一起来了解一下生命健康权的具体内涵吧！

生命健康权是我们作为公民享有的基本权利，即每个人都享有生命安全及身体健康不受非法侵害的权利，该权利依法受到保护。对侵害未成年人生命健康的行为，未成年人及其监护人有权向有关机关提出控告或诉诸法律。

〉 自护小贴士

案例中讲述了性侵被害人的不同心理状况，有浑然不知的，有痛苦或恐惧却害怕父母责怪的，有害怕同伴的异样眼光或担心性侵加害人报复的。这是青少年在遭遇性侵后常见的几种心理状态。

晓曼年幼，不知道自己正在遭受陆爷爷的侵害。而忆洁对自己的遭遇认知则比较模糊，她对此似懂非懂但内心又充满了恐惧和不安。在遭遇上述问题时，晓曼应增强自我保护意识，不要随便接受他人财物或贪图小便宜。而忆洁应勇敢地告诉家长，表达内心的困惑，尽早地使自己逃离魔掌。

小朋友们自身要加强性防范意识，如果遇到他人侵犯自己的隐私部位，应及时制止和反抗。同时，我们也应积极与老师和家长交流，寻求对自身经历的正确认知，提高自我保护意识。平时应该尽量避免和陌生人接触，遇到可疑的人时，不要单独进行接触，可以向家长报告或选择回避。在疑似遭遇性侵害时，应积极与父母沟通。若不幸遭遇了坏人的侵犯，应及时进行身体检查，以防止内伤、怀孕或感染艾滋病等性传播疾病。

〉 测一测

关于性侵被害人的常见心理状态，小朋友们现在有所了解了吗？下面就出一道测试题考考大家了，看看谁掌握得最棒！

请判断以下各个选项中小朋友的行为是否正确？

A. 小梅因为隔壁叔叔经常买零食给他吃，便不在意叔叔在她身上随便乱摸；

B. 老师经常对笑笑有不正当行为，笑笑因害怕而不敢告诉家长；

C. 小语被高年级同学猥亵，但因害怕遭到同学的嘲笑，不敢向学校反映情况；

D. 小图因害怕父母责怪，不敢向父母交代自己遭到性骚扰的情况。

第二节　迈出勇敢的一步

▶ 案例链接

汤穆沐今年 11 岁，原就读于南京市的一所初中，她在校时很活泼开朗，学习成绩也很优异。但在遭遇了林某性侵之后，她性格大变，慢慢变得沉默且敏感。一方面，这段不幸的经历让这个年幼孩子的心理从此蒙上了一层阴霾，也让原本乐观的她觉得抬不起头来，不愿意再出现在熟悉的校园里。另一方面，虽然侵害人林某被判了刑，但汤穆沐却时常担心 5 年后出狱的林某是否会对自己进行报复。

说起来汤穆沐的家庭有点特殊，爸爸与妈妈离婚了，她跟着妈妈生活。虽然家庭条件一般，但是疼爱女儿的妈妈总是尽其所能地将最好的给汤穆沐。对于汤穆沐的经历，妈妈很心痛的同时也非常担心女儿的后续情况，但又怕操之过急会适得其反，所以平时妈妈都尽量回避这段敏感的事情，并时不时地开导女儿。汤穆沐一直比较喜欢画画，出事之后她每天都待在自己的房间画画，画里都隐约弥散出一丝忧郁。

一天，汤穆沐坐在沙发上，突然问妈妈："那个人出来以后还会来找我吗？妈妈，我好怕！"妈妈从未想到汤穆沐心中竟会有这样的忧虑，连忙抱住女儿安慰道："孩子，别怕！那个坏人已经受到了法律的制裁，不敢再为非作歹了。放心，妈妈以后会一直在你身边保护你的。"

听着妈妈的话，汤穆沐的情绪渐渐稳定了下来。她抬起头看了看妈妈，低声说道："妈妈，我想读书。可是我不想在原来的学校读了，能不能给我换一个学校啊？"妈妈听完很惊讶，但同时也很高兴，连忙回答："好啊，你想到哪去读书？"汤穆沐又低下头去："我也不知道。我想读书，但不想待在这儿，我害怕别人那异样的目光。"

妈妈非常理解汤穆沐的感受，但平时又不忍心刺激孩子敏感的心灵。对于汤穆沐今天的表现很是吃惊却又感到欣慰，汤穆沐终于慢慢地走出了第一步。妈妈温柔地问汤穆沐："那有没有什么你比较喜欢的学校啊？要不我们一起去网上了解一下吧！"汤穆沐点点头，母女俩便开始一起寻找。搜索到合适的学校时，汤穆沐与妈妈讨论着屏幕上校园美丽的风景，她的脸上已经很久都没有洋溢过笑容了，久违的笑声在房间的空气里回荡。

突然注意到了妈妈脸上欣慰的笑容，汤穆沐停下来认真地问妈妈："妈妈，您还爱现在的我吗？"妈妈用力点了点头，坚定地回答："当然爱啊，你永远都是妈妈的宝贝。"汤穆沐听完很感动，乖巧地说："妈妈，我们去一个充满快乐的地方。到时我好好学习，我们一起重新生活，好吗？"妈妈开心地点点头，激动地拥抱着她。

原本汤穆沐就是一个非常开朗懂事的孩子，她并没有因为父母的离异而消沉，反而经常安慰妈妈，说自己是妈妈的保护伞。可是谁知林某的伤害却让妈妈原来的贴心小棉袄经历了人生的又一重创。11 岁的孩子，稚嫩的年纪承受了太多的负重。汤穆沐让自己缓冲了一段时间之后，或许内心仍旧充满着不属于这个年纪的困惑与担忧，但她最终在妈妈爱的呵护之下选择用坚强武装自己，让自己的人生有个新的开始。

》| 案例来源

明明因遭受强奸而怀孕后，心理问题较为严重，不愿与外界沟通。通过一段时间的开导，她的心情逐渐变得平和起来，而后续的心灵创伤治愈问题也逐渐纳入了明明母亲的考虑范围。[1]

》| 法律警钟

◎ 法条索引

1.《婚姻法》第三十六条第一款、第二款规定：父母与子女间的关系，不因父母离婚而消除。离婚后，子女无论由父或母直接抚养，仍是父母双方的子女。

离婚后，父母对于子女仍有抚养和教育的权利和义务。

2.《宪法》第三十八条：中华人民共和国公民的人格尊严不受侵犯。禁止用任何方法对公民进行侮辱、诽谤和诬告陷害。

3.《未成年人保护法》第十条规定：父母或者其他监护人应当创造良好、和睦的家庭环境，依法履行对未成年人的监护职责和抚养义务。

禁止对未成年人实施家庭暴力，禁止虐待、遗弃未成年人，禁止溺婴和其他残害婴儿的行为，不得歧视女性未成年人或者有残疾的未成年人。

第十九条规定：学校应当根据未成年学生身心发展的特点，

---

[1] http：//news. 163. com/10/1009/07/6IHOB2MU00014AED. html.

对他们进行社会生活指导、心理健康辅导和青春期教育。

4.《民法通则》第一百零一条规定：公民、法人享有名誉权，公民的人格尊严受法律保护，禁止用侮辱、诽谤等方式损害公民、法人的名誉。

◎ 普法课堂

很多遭受到性侵的女孩子无法面对亲友，感觉自己无颜再活在这个世上。其实这样的想法是错误的，我们不能用别人的错误来惩罚自己和爱自己的人，应该好好珍惜我们的生命。但是为什么她们会有这样极端的想法呢？这是因为她们认为自身的名誉受损，由此可见名誉权对于我们的重要性。下面我们一起来了解一下什么是"名誉权"吧！

名誉权主要表现为人格尊严不受侵犯的权利内容，它为人们自尊、自爱的安全利益提供法律保障。国家将人格尊严明确列入法律的保护范围，充分凸显了它的重要地位。

作为受害人，在人格尊严受到侵害时，应选择用恰当的方式予以保护而非单纯的逃避。而作为旁观者或受害人的关系群体，更应以关爱的心态对其进行保护，绝不能以嘲笑、讥讽的态度使其受到更为严重的二次伤害！

▶ 自护小贴士

遭遇困难和挫折，我们应该选择积极面对，接受相应的心理和身体方面的治疗；增强自信心，提升自我认同感是使自己迅速走出困境的心灵推动力；用心感受来自亲朋好友的爱，坚定人生的信念；坚持对自身不同阶段的心理状态进行评估，努力稳定情绪，积极寻求心理帮助。

案例中的汤穆沐经历了很多不属于她这个年纪的痛苦和不幸，她最终选择积极地面对挫折与困难，勇敢地迈出前进的步伐。在未来的生活中，汤穆沐可以尝试接触更多积极的东西或培养新的兴趣爱好以转移自身注意力，同时可以拓展自己的生活圈，重塑美好生活。

现如今，遭遇性侵的孩子不再局限于女童，有些男童也面临类似的问题，但由于缺乏心理疏导或适合的倾诉对象，使其难以获得帮助，走出阴影。其实无论是男童还是女童，在遭遇性侵时，自身都应当形成正确的认知，既可以与同龄人交流，确认所遭受的待遇是否异常，也可选择与老师或家长等成年人交流。此时务必要以恰当的方式舒缓自己的情绪，不要憋在心里，否则易造成抑郁。作为受害人的同学或朋友，我们更应当用包容互助的心态关爱他们，帮助他们解决问题和疏导情绪。

▶ 测一测

什么样的心理状态才是健康的，你们知道吗？下面为大家提供一些选项，我们一起来判断一下吧！

A. 遇到事情，憋在心里，拒绝与外界交流；

B. 勇敢地说出内心的想法；

C. 遭遇事情后，暴躁易怒，胡乱发脾气；

D. 耐心地听从老师、朋友的劝导，用心感受亲友的关心。

第三节　守护美妙的童年

▶ 案例链接

巴尔扎克曾说过："童年原是一生最美妙的阶段，那时的孩子是一朵花，也是一颗果子，是一片朦朦胧胧的聪明，一种永远不息的活动，一股强烈的欲望。"然而，一次惨痛的经历让玉珍的童年从此与"美妙"二字绝缘。

那是一个炎热的夏天，和往常一样，下午放学后玉珍打算在学校做完作业再回家。由于那天各科老师布置的作业比较多，其他同学带了一些回家去做。等到玉珍做完作业抬起头时，才发现班上就只剩她一人了，此时天色已晚。11 岁的玉珍正在读小学五年级，平时她经常会和同学一起结伴走回家，可今天只有自己一个人了。回家的途中要经过一小片树林，看起来有点阴暗，玉珍一个人走着有点害怕，但想起平时也没听说这片树林发生过什么奇怪的事，她慢慢地放下心来。可是就在这条熟悉的路上，发生了让玉珍意想不到的事情。在玉珍即将穿过树林的时候，突然从背后冒出了一个男人，遮住了玉珍的双眼，把玉珍弄晕，对其进行了奸淫。

玉珍的父母看天色已晚，女儿还没放学回家，不太放心，便出来寻找玉珍。还在眩晕状态的玉珍隐隐约约听到父母的呼喊声，急忙用虚弱的声音回应着。玉珍父母闻声赶来，看见了衣衫不整的玉珍，这才知道女儿遭遇了不测。

回家后父母便报了案，并向警察指认了几名有可能实施犯罪行为的人。由于证据不足，公安部门的案件调查进展得并不顺利，而且部分被指认的人以自己名誉受损为由对玉珍父母提起了诉讼。公安部门持续调查了几个月后，该案依旧毫无线索。就在这时，玉珍被证实已经怀孕。玉珍的父母作出了一个惊人的决定，让玉珍把孩子生下来，以血缘关系确定实施奸淫行为的人。最后，在孩子出生后便通过 DNA 鉴定确定了被告人，他也受到了应有的惩罚。

然而，事情到此并未画上一个句号，玉珍的噩梦也没有终止。村里有些邻居认为出现这样的事情是伤风败俗，强烈要求将玉珍一家赶出村子。自从发生此事之后，玉珍再也没有去过学校。玉珍生下孩子后，学校的老师和同学也从未探望过她。曾经热情好学的玉珍，脸上再也没有了笑容，取而代之的是满脸的惆怅与不安。

在慈善组织的帮助下，玉珍被安排转学。然而独自在外生活，面对陌生的环境，玉珍难免显露出恐惧与不安，同时也很渴望亲人朋友的关爱。此时的她心理已经出现了问题，随即有心理机构帮助她进行了心理辅导。

心理专家在对玉珍进行心理测试的过程中，发现她竟然认为自己是个罪人，犯了不可饶恕的错误，让家人蒙羞。这样的测试结果让心理专家非常吃惊，他认为玉珍的心理状况已经到了非常危急的程度。玉珍作为一名被害人，为何会呈现出这样自责的心理状态呢？周围亲友、邻居的态度很大程度上影响了玉珍对自己行为的认知，这也说明在被害人遭受侵害之后，外界的支持、理解及帮助会对被害人心理产生极大的影响。玉珍的转学也是出于对可能面临的周围同学的讥讽、指指点点等反应的考虑。

玉珍的遭遇是不幸的，但值得庆幸的是在遭受身体和心灵的双重创伤后，她能够及时获得正确有效的心理疏导和精神安慰。在心理专家对玉珍的心理状况作出准确的判定之后，通过细心的疏导慢慢指引玉珍走出心理阴影，逐渐修复其心灵创伤。专业性的心理指导虽能为玉珍减轻一定的痛苦，但父母及亲友的理解与支持才是玉珍继续前行的动力。父母作为孩子最坚实的后盾与守护者，要坚定地表达出对孩子的爱。玉珍在遭遇这件事情后，最需要的是父母的理解与鼓励。而周围的亲友与邻居，也应该对玉珍多一份疼爱与包容，为这位年幼的孩子留出一片成长的土地。

▶ | 案例来源

12岁的思思遭受性侵后怀孕，为获取犯罪嫌疑人的更多信息，保留证据，产下一子。由于思思指认多名村民为犯罪嫌疑人，惹来非议，遭到村民排挤。学校的老师、同学从未探望过她，邻居亦引以为耻。最终在慈善组织的帮助下，思思前往一个陌生的城市继续自己的学业。[1]

> | 法律警钟

◎ 法条索引

1.《刑法》第二百三十六条规定：以暴力、胁迫或者其他手段强奸妇女的，处三年以上十年以下有期徒刑。

奸淫不满十四周岁的幼女的，以强奸论，从重处罚。

强奸妇女、奸淫幼女，有下列情形之一的，处十年以上有期徒刑、无期徒刑或者死刑：（一）强奸妇女、奸淫幼女情节恶劣的；（二）强奸妇女、奸淫幼女多人的；（三）在公共场所当众强奸妇女的；（四）二人以上轮奸的；（五）致使被害人重伤、死亡或者造成其他严重后果的。

2.《最高人民法院关于行为人不明知是不满十四周岁的幼女，双方自愿发生性关系是否构成强奸罪问题的批复》规定：行为人明知是不满十四周岁的幼女而与其发生性关系，不论幼女是否自愿，均应依照刑法第二百三十六条第二款的规定，以强奸罪定罪处罚；行为人确实不知对方是不满十四周岁的幼女，双方自愿发生性关系，未造成严重后果，情节显著轻微的，不认为是犯罪。

3.《预防未成年人犯罪法》第四十一条规定：被父母或者其他监护人遗弃、虐待的未成年人，有权向公安机关、民政部门、共产主义青年团、妇女联合会、未成年人保护组织或者学校、城市居民委员会、农村村民委员会请求保护。被请求的上述部门和组织都应当接受，根据情况需要采取救助措施的，应当先采取救助措施。

4.《未成年人保护法》第四十二条规定：公安机关应当采

---

〔1〕 http://v.ifeng.com/vblog/news/201309/f8dd517b-227e-4fc8-9189-4ee5daf7ca90.shtml.

取有力措施，依法维护校园周边的治安和交通秩序，预防和制止侵害未成年人合法权益的违法犯罪行为。

任何组织或者个人不得扰乱教学秩序，不得侵占、破坏学校、幼儿园、托儿所的场地、房屋和设施。

第四十九条规定：未成年人的合法权益受到侵害的，被侵害人及其监护人或者其他组织和个人有权向有关部门投诉，有关部门应当依法及时处理。

◎ 普法课堂

我们为案例中玉珍的遭遇感到惋惜，也希望她可以重新振作起来，重新过上平静的生活。为了避免同样的悲剧发生在我们的身上，也为了更好地保护自己，下面让我们一起来了解一些与本案有关的法律知识吧！

玉珍为不满 14 周岁的幼女，本案犯罪人通过暴力手段强行与玉珍发生性行为，违背了受害人玉珍的意愿。根据上文对强奸罪的介绍，可判定本案中对玉珍造成伤害的人强行与其发生性关系，所犯罪名为强奸罪。

如何认定强奸罪中的暴力、胁迫和其他手段呢？在现实生活中，常见表现形式为殴打、强拉硬拽、通过杀害等严重暴力行为相威胁、用酒灌醉、用药麻醉等。对这些行为予以了解，有助于我们在生活中加强自我保护意识，提高处理应急事件的能力。

▶ | 自护小贴士

如果你们周围的同学遭遇了和玉珍一样的经历，你会怎么做呢？是会像她的邻居一样冷嘲热讽，像她的同学、朋友一样远离她，还是会努力成为一名小心理专家鼓励、开导她呢？相信善良的你们一定会选择后者。是的，同学之间就应该互相帮助，应该通过日常的关爱行为向受害的朋友传递这样一个信息：这不是你的错，我们依然是好朋友，我会帮助你走出阴影。同时，我们也要注意平时不要在背后谈论受害人，以免在同学的伤口上撒盐。

过去的事情无法改变，玉珍应该让自己慢慢地走出伤害所带来的阴影。她可以通过学习或运动之类的行为转移自身注意力，初期应尽力避免单独待在房间发呆，以免沉溺于消极的情绪中，不利于身心健康的恢复。

自我保护的本领大家也要牢牢掌握哦！比如，晚上不要单独外出，平时及时告知父母自己的行踪及去向，方便身处危难时父母的及时营救。平时出入应当与同学、朋友结伴而行，互相照应。在遇到危险时，不要选择"硬碰硬"，可以先假装答应对方的要求，等待对方松懈之时迅速逃脱，或找机会到人多的地方呼救，如逃脱或呼救不成功，也要留下记号以便获得救援。

▷ 测一测

大家遇到类似的问题，知道该怎么做了吗？下面我们一起做个小游戏，请同学们分为几个小组，每组成员分别饰演老师、邻居、同学、家长、受害人等不同角色。大家想一想应该用什么方式表达对受害人的关心，同时要符合自己的角色，每人至少说出五句不同的话！你们能做到吗？

第四节 撕下伪装的面具

案例链接

今天是风和日丽的星期天，高君怡悠闲地在路边闲逛着。正在读初二的她最近学习压力比较大，难得像今天一样轻松惬意。正当高君怡享受着这美好阳光和口中的棒棒糖时，走在一边的孕妇突然呻吟起来，身体也慢慢地蜷缩在地上。

善良的高君怡看到后，立即好心地走上前去询问道："阿姨，你怎么了？哪里不舒服吗？"孕妇张某看了看她，低声地回答："好像是抽筋了，能不能麻烦你送我回家休息一下？"高君怡连忙点了点头，随后又担心起孕妇阿姨的身体来："阿姨，请问你家在哪里啊？回家休息就可以吗？我看你挺难受的，要不我陪你去医院吧？"张某见状，立即摆了摆手，说道："我家离这里不远，打个车一会儿就到了。我不严重，回家休息一下应该就没事了！"

见孕妇张某一直坚持回家，高君怡拦下了一辆出租车，陪同张某一起回家。不一会儿就到了家，张某回到家后，她的丈夫刘某稍显慌张地迎上前来。两人招呼高君怡在客厅休息片刻，便进了卧室。

刘某安顿好张某后，走到客厅对高君怡说："今天多亏你了，真是太感谢了。"高君怡礼貌地回应说："不用谢！如果你太太没什么事，那我就先回去了。"说完她转身就准备离开。然而，意想不到的事情就在这时发生了。刘某一下子拉住高君怡的手，拽着她往卧室走去。高君怡顿时感觉到了不对劲，努力地想甩掉刘某的手，慌张地说："我要回家了！"此时刘某发起狠来，他不顾高君怡的反抗，越发用力地拖拽着高君怡。高君怡大声地呼喊着张某，却没有得到回应，眼看着自己被一步步逼近卧室，却又无力抵抗粗鲁的刘某。突然间，高君怡想起来自己还正处在经期，便急忙向刘某说明情况，希望刘某能放过自己。然而，刘某对此置之不理，一把将高君怡甩在床上，然后就像一头饥渴的饿狼扑向柔弱的高君怡，制服住她，对其实施了猥亵。

这时，孕妇张某从主卧慢慢地走出来，一脸冷静地问刘某："现在该怎么办？"刘某也撕下了伪装的面具，不耐烦地说："还能怎么办？杀了呗！难道让她回去报警抓我们啊？真扫兴，好不容易找一个，还不能做！"此时的高君怡才认清了这两人的真实面目，原来自己是张某为满足丈夫刘某性欲的牺牲品。高君怡苦苦地哀求面目狰狞的两人："叔叔阿姨，求求你们放了我吧，我保证不会去报警的。"她多么希望为自己争取一丝生的可能。冷血的夫妻俩丝毫没有为之动容，狠心地结束了这个年轻的生命，并将她的尸体埋了起来，试图毁尸灭迹。完成了这一系列事情后，张某对刘某说："现在我不欠你的了！以后你不要再拿那个事情说事了！"原来，刘某新婚之夜发现张某曾经与别人发生过性关系，便经常以此为由打骂张某。张某为了"弥补"刘某，提议为其找一个处女，算是扯平。

就是这所谓的"亏欠"使张某滋生了犯罪的念头，竟然妄想通过如此残忍而又滑稽的方式缓解夫妻间的内部矛盾，用别人的生命为自己当初的轻率埋单。不知这位即将为人母的张某，将以怎样的心态面对自己即将出世的孩子，又该以何种言语教会自己的孩子热爱生命？他们利用高君怡的善良，不仅侵犯了其纯洁的身躯，而且剥夺了其如花般的生命。最终经过警方的侦查，该案得以破获。然而，刑罚虽然制裁了张刘二人的行为，但这故事留下的思考确是永恒的。变态般的行为如何生成？青少年又应该如何进行自我保护呢？

案例来源

小萱是佳木斯林业卫校的学生，路上好心帮助孕妇谭某，却陷入了谭某提前设计好的阴谋之中。谭某为满足其丈夫白某的性欲，用网上购买的蒙汗药将被骗回家的小萱迷晕，让白某对其进行性侵犯，事后还残忍地将其杀害。[1]

法律警钟

◎ 法条索引

1.《预防未成年人犯罪法》第四十条规定：未成年人应当

---

[1] http://news.youth.cn/sh/201307/t20130731_3618333.htm.

遵守法律、法规及社会公共道德规范，树立自尊、自律、自强意识，增强辨别是非和自我保护的能力，自觉抵制各种不良行为及违法犯罪行为的引诱和侵害。

2.《未成年人保护法》第三条第一款规定：未成年人享有生存权、发展权、受保护权、参与权等权利，国家根据未成年人身心发展特点给予特殊、优先保护，保障未成年人的合法权益不受侵犯。

第二十七条第二款规定：国家鼓励社会团体、企业事业组织以及其他组织和个人，开展多种形式的有利于未成年人健康成长的社会活动。

3.《刑法》第二百三十二条规定：故意杀人的，处死刑、无期徒刑或者十年以上有期徒刑；情节较轻的，处三年以上十年以下有期徒刑。

4.《教育法》第五十三条规定：国家鼓励社会团体、社会文化机构及其他社会组织和个人开展有益于受教育者身心健康的社会文化教育活动。

◎ 普法课堂

上述案例告诉我们，外面的世界太凶险，善良的我们必须增强自我保护意识，在帮助人的同时也要注意时刻保护自己，以免为让少数不法分子有可乘之机。

本案中的犯罪分子以残忍手段实施故意杀人行为，等待他们的将是严厉的刑事处罚。这看似残酷的刑罚终究不能挽回高君怡那如花般的生命。而张某肚子里的孩子又将因其父母的恶行面临什么样的生活？

在这里，我们稍微了解一下犯罪分子在实施犯罪后，可以通过什么行为对其罪行稍加补救呢？在实施犯罪行为后，若因被法律的严厉制裁所震慑而希望减轻自己将来的处罚，可以选择自首的方式作为弥补恶行的第一步。即通过主动投案，如实供述自己的罪行以期从轻或减轻处罚。那么，这就提示我们在遇到危险时，可通过规劝罪犯自首使其悬崖勒马，争取从宽处理，也很有可能会为自己增加一丝脱离危险的机会！

自护小贴士

高君怡的好心之举换来的却是意想不到的伤害。这个案例并不是教育我们要冰冷地对待外界，对别人的求助置之不理，而是教会我们即使助人时也要保持防范心和自我保护意识。

本案例中的高君怡在对孕妇伸出援手后，本应避免让自己孤身前往陌生的场所，她可以选择让孕妇提供其丈夫的联系方式，将其直接送往医院。如遇到案例中的情况，可以为其叫车并护送对方上车，但可以不跟随其乘车。即使陪同对方，在将其安全送回对方居住地后，应及时离开，切勿进入陌生封闭的环境内。同时，在乘车期间，可以与父母取得联系，让他们前去接应，至少让父母掌握自己的去向。

小朋友们在生活中应加强自我保护意识，遇到问题时，可以选择结伴的方式予以解决，同时也应尽量避免单独前往陌生场所。在遇到特殊情况，可以与家长或朋友取得联系。在面对问题时，可以向实施危险行为的人透露父母或朋友知道自己行踪的信息，给对方造成一定的心理压力，但要注意方式方法，切勿硬碰硬。

测一测

学习了本节的内容，下面通过一个小测试来检验一下我们掌握的程度吧！

在回家的路上遇见陌生人因受伤而向我们求救时，我们应该怎么做？请判断下列选项的对错。

A. 独自一人将求救人员护送回家；

B. 打电话给父母，报告自己的行踪；

C. 呼喊其他路人一同对求救人员进行帮助；

D. 拨打 120，将求救人员护送至医院，并联系其家属。

电影推荐

又学习了一章的内容，大家应该有点累了吧？下面为大家推荐一部美国的暖心励志电影——《当幸福来敲门》。

这部电影讲述了一位单亲爸爸经历重重挫折，最终与儿子过上美好生活的故事。每当克里斯失意时，儿子的鼓励是他前进的最大动力。父子俩的相互扶持成就了彼此。在我们遭遇人生的挫折时，坚信希望就在前方。用一颗热情的心去迎接未来，幸福终将敲响你的门！

妇女儿童心理倾诉室中的儿童休息区

第八章
同性性侵

本章导读

  在我国传统观念的影响下，未成年人与其监护人对于同性间的性侵犯存在认识上的盲区。我们向来主张"男女授受不亲"，却忽视了"女女授受不亲""男男授受不亲"的问题。但社会实际中的同性性侵事件的确存在，可一直被众人忽视，男童尤为缺少警惕心，他们普遍认为自己不会成为性侵害者的目标。本章将冲破认识盲点，通过四小节阐述同性性侵的内容，希望未成年人可以明晰什么是同性间的性侵害，以及相应的预防措施、救济手段。

第一节 大巴车里的黑手

▶ 案例链接

一辆满载着欢声笑语的大巴车正飞驰在国道上。车内气氛高涨，结束了一个学期的学习，培训班组织大家一同去滑雪，同学们都充满期待。"我还没滑过雪呢！""一会儿我们就比比看谁滑得好！"同学们在车中热烈地讨论着。负责陪同他们的老师却并不像他们那样兴致盎然，他们早过了喜欢玩闹的年纪，对于滑雪也没什么兴趣，其中两名老师正在座位上昏昏欲睡。

与其他毫无兴致的老师不同，肖老师却很兴奋，可是这种情绪却并不来源于孩子们期待的滑雪，而是另一种他无法宣之于口的内心秘密。肖老师故作严肃地走到坐在后排的男同学李晨杰身旁，对坐在他旁边的同学说道："我要和李晨杰探讨一下学习，麻烦这位同学你先去别的地方坐一下吧。"支走那个同学后，肖老师稍显激动地坐在了李晨杰身边。"你最近学习怎么样？"他装作关心地问道，同时他的手却顺势摸到了李晨杰的大腿上。李晨杰有一丝别扭，可是抬眼看肖老师的表情很认真，他没有多想，以为老师只是无意中将手放在自己的大腿上，便认真地回答了老师的问题。肖老师见他没有反抗，便将手再次移到了李晨杰的下体，表情有一丝病态的扭曲。李晨杰此时惊慌起来，他此时才明白原来肖老师是故意的，他心中害怕却不敢推开肖老师，只能拼命在心中祈祷"快让肖老师走开吧！"然而事与愿违，肖老师完全没有收手的意思，离开了培训机构众人视线的旅游大巴正是他完美的犯罪场所。

在猥亵完李晨杰后，肖老师马上又为自己物色了另一个"猎物"——12岁的男生王川。他在培训机构时就经常偷窥王川，但是苦于王川比较有防范意识，所以他一直没有机会下手。

"踏破铁鞋无觅处，得来全不费工夫！我的机会终于来了。"肖老师暗自窃喜。"王川你过来，我有学习问题要和你讨论！"他把王川喊到了身边。肖老师故技重施地一边与王川说话，一边把手伸到了他的下体，王川急忙惊慌地一把拍开了肖老师的手逃回了自己原来的座位。"妈妈和我说过，泳衣覆盖的地方是不可以让人碰的，我要告诉妈妈。"王川惊魂未定地想道。

王川离开后，肖老师有一丝慌乱，"他不会去告诉其他老师吧。"到达滑雪场之前肖老师一直在暗地里观察王川的动向，在确认王川没有向另外两名老师告发后，他一直悬着的心终于放了下来。尝到甜头的他准备再次出手。

在经过了一天的滑雪后，大巴载着疲惫的同学们返回北京。在返程途中，肖老师选择了内向懦弱的男孩光洙作为他的目标。他故伎重演地支走光洙身边的同学后，坐在了光洙身旁对光洙开始了长达30分钟的猥亵，使光洙饱受心理与身体上的双重折磨。

这3名遭受了肖老师猥亵的同学在回到家后都感到不适，便向父母讲述了自己的遭遇。他们的父母知道后惊怒交加，纷纷向公安机关报案。公安机关经过调查后将肖老师刑事拘留。虽然施暴者受到了处罚，但是被侵害者的身心却难以恢复如初。

▷ 案例来源

据报道，北京某培训机构组织学员前往张家口滑雪，途中一共 3 名教师陪同，其中贾某在前往滑雪场的过程中对学员晓光进行猥亵，后又要求学员球球坐在晓光腿上意图对球球进行猥亵，但在触碰球球下体时被其拒绝。在回程途中贾某又故技重施，对小志进行了猥亵。事后，3 名学员均将此事告知家长，家长报案后公安机关进行了调查。最后，贾某被海淀区公安分局海淀派出所刑事拘留，培训机关也将其开除，3 名男生家长正在与该机构协商赔偿事宜。[1]

▶ 法律警钟

◎ 法条索引

1. 《儿童权利公约》第三十四条规定：缔约国承担保护儿童免遭一切形式的色情剥削和性侵犯之害。

2. 《未成年人保护法》第十一条规定：父母或者其他监护人应当关注未成年人的生理、心理状况和行为习惯，以健康的思想、良好的品行和适当的方法教育和影响未成年人，引导未成年人进行有益身心健康的活动，预防和制止未成年人吸烟、酗酒、流浪、沉迷网络以及赌博、吸毒、卖淫等行为。

第四十一条第一款规定：禁止拐卖、绑架、虐待未成年人，禁止对未成年人实施性侵害。

第四十九条规定：未成年人的合法权益受到侵害的，被侵害人及其监护人或者其他组织和个人有权向有关部门投诉，有关部门应当依法及时处理。

3. 《刑法》第二百三十七条规定：以暴力、胁迫或者其他方法强制猥亵他人或者侮辱妇女的，处五年以下有期徒刑或者拘役。

聚众或者在公共场所当众犯前款罪的，或者有其他恶劣情

---

〔1〕 http：//edu. southcn. com/jyzg/content/2015-03/06/content_ 119416697. htm.

节的，处五年以上有期徒刑。

　　猥亵儿童的，依照前两款的规定从重处罚。

◎ 普法课堂

　　大家知道什么是性侵害吗？

　　所谓的性侵害包括强奸（以暴力胁迫、恐吓等手段强行与被害人发生性关系的行为），猥亵（以性交以外的方式对不满14周岁的儿童实施不轨的行为，如触摸未成年人的私密部位，舔吮未成年人的身体），与未成年人进行性交易（如通过给未成年人买手机、电脑等物质换取与未成年人发生性关系），利用不知情的未成年人从事制作、传播淫秽物品（如拍摄未成年人的淫秽图片或淫秽视频），等等。

》 自护小贴士

　　在未成年人性侵犯罪中，作案的大多是与被害人相熟的人，他们可能是每日和你打招呼的邻居、老师、校长，也可能是你的亲属。通常未成年人对他们充满了信任，对这些人的警惕性较低，他们也正是利用未成年人缺乏自我保护意识而对其进行性侵害，并在事后加以威胁或恐吓。

　　以本案为例，肖某作为培训机构的老师，利用身份的便利取得了同学的信任，并伺机对3名男同学进行性侵犯。未成年人在社会生活中应当对身边的成年人保持必要的警惕。例如，本案中肖某趁机抚摸李晨杰等3人的大腿与私处，这已经构成了对李晨杰等人的性侵，而这3名同学在遭受到性侵时，却出于对肖某的恐惧而不敢反抗，虽然事后告诉其监护人并报案，但因性侵造成的心理创伤并没有消除。

　　那么，面对熟人作案的性侵，未成年人需要注意哪些事项呢？

　　首先，未成年人应注意避免两种错误的认知：一是"平时对我好的熟人都是可以信任的人"，二是"对我微笑的陌生人应该也是好人"。现实证明结果恰好是相反的，那些对你过分热情的人恰是你需要警惕的人。

其次，注意辨别成年人提出的邀请或做出的举动。当成年人邀请你与他在封闭空间独处时（如楼梯间、他的家中、网吧包间、KTV 包厢、空教室、天台等），你要保持警惕，在冷静地拒绝他的要求后尽快离开他的身边，并尽快联系你的父母。

最后，当你不幸遭受性侵犯时，也要保持冷静，沉着应对，尽量与对方周旋以拖延时间，向对方讲述他行为的违法性，阐明此种行为对你们双方都会造成不良后果。如果不幸还是发生了，你要马上告知父母，及时接受医治，检查是否被传染了性病。

▶ 测一测

大家是不是已经迫不及待地想要检验自己对于知识的掌握程度啦？下面就让我们一起来测一测吧。

请问以下哪些行为是属于对我们的性侵害？

A. 邻居李大哥诱骗我触摸他的性器官；

B. 我本次考试取得了好成绩，老师轻拍我的肩膀以示表扬；

C. 表哥强迫我观看淫秽视频；

D. 校长把我叫到办公室，以检查身体为由让我脱光衣服。

第二节　销蚀的金色童年

▶ 案例链接

这一天，大雨侵袭了整座城市，天空中乌云密布，仿佛无数妖魔在长夜里奔跑。余媛媛的妈妈站在洗手间外脸上阴晴不定，一个让她遍体生寒的念头不断地在她脑海中闪现，她不敢去细想，又无法忽略。原来，余媛媛从幼儿园回到家后已经上了8次洗手间，"她生病了吗？""她在幼儿园遇到坏人了吗？""她被幼儿园的其他小朋友欺负了吗？""老师对她做了什么吗？"一个个假设性的疑问在她脑海中如脱缰的野马一样奔腾而出，她不敢再想下去，只希望女儿快点出来好证明她只是杞人忧天。

她忍不住催促女儿："媛媛，你好了吗？"这时女儿踟蹰地从洗手间走了出来，脸上的表情让她心碎，好像落入陷阱的小鹿般惶惶不安。"妈妈，我没事。""没事？那你为什么不停地上厕所呢？是哪里不舒服吗？"她显然不相信媛媛的话，不安地问道。"我……我……"余媛媛躲闪的目光更加让妈妈心焦，她开始轻声引导媛媛，"没关系的，告诉妈妈你到底哪不舒服，好不好？"在她的一再追问下，余媛媛不好意思地低声说道："妈妈，我小便的地方疼。"妈妈听了，急忙检查了媛媛的身体。残酷的现实印证了她刚才心中的猜想，余媛媛的下体红肿，有明显的擦伤。这时妈妈努力保持镇定，强忍住心中的慌乱，她继续柔声询问女儿："媛媛，你那里为什么会疼？有谁碰过你那里吗？没关系的，你可以告诉妈妈的。"终于，余媛媛说出了真相。

事情要从余媛媛早晨来到幼儿园时说起，其实5岁的余媛媛并不喜欢去幼儿园，因为幼儿园的陈老师经常体罚他们。今天陈老师就借口余媛媛做游戏表现不好把她叫到了办公室。在办公室里，陈老师提出了一个让余媛媛无法理解的要求，"余媛媛，快点把衣服都脱掉，我要检查你的身体！"余媛媛本能地对这个要求感到不舒服，但她不知道该如何拒绝陈老师，因为她想起之前妈妈说在幼儿园要听老师的话。所以，尽管不情愿，但余媛媛最后还是脱掉了衣服。之后陈老师便用手指抠挖了余媛媛的下体，并且威胁她不可以告诉家长。接下来的一整天余媛媛都精神恍惚。她只有5岁，并不明白自己身上到底发生了什么，但是她知道陈老师的行为让她很不舒服，她的下体也很痛。余媛媛想哭又不敢哭，只希望快点回到家里让妈妈保护她。当天晚上，余媛媛的父母就把她送到了医院，在医生的建议下他们报了警。

警方传唤了嫌疑人陈老师，并对幼儿园的小朋友及他们的家庭进行了走访调查。走访的过程中，很多小朋友表示陈老师曾经不同程度地猥亵过他们，并威胁他们不许告诉家长。他们因为害怕都没有告诉过家长。

在陈老师被警方拘留后，大部分被性侵的孩子都已经转学，但是这件事对他们造成的创伤却是难以治愈的。很多孩子事后都出现了厌学的现象，再也不肯去幼儿园了。老师本应该是孩子们的保护者，在这里却成为了加害者，对毫无防备的无辜孩童伸出了罪恶的魔爪。

童年本应是最无忧无虑的时光，但是余媛媛的童年却再也难以恢复本应有的光彩了。

案例来源

江苏省昆山市某民营幼儿园，女教师周某被指控猥亵女童。案发后，警方对该案进行调查。报案者是一名幼儿园女童的父亲，他声称某日女儿回家后不停地去上厕所。他和妻子检查女儿的身体后，发现女儿的下体有明显的擦伤。经过询问，女儿称幼儿园的周老师曾抠挖她的下体，二人立即把女儿送到医院，并在医生的建议下报了案。[1]

———————————

〔1〕 http://henan.china.com.cn/special/2015/0918/828199.shtml.

▶ 法律警钟

◎ 法条索引

1.《未成年人保护法》第二十一条规定：学校、幼儿园、托儿所的教职员工应当尊重未成年人的人格尊严，不得对未成年人实施体罚、变相体罚或者其他侮辱人格尊严的行为。

第二十四条规定：学校对未成年学生在校内或者本校组织的校外活动中发生人身伤害事故的，应当及时救护，妥善处理，并及时向有关主管部门报告。

第四十九条规定：未成年人的合法权益受到侵害的，被侵害人及其监护人或者其他组织和个人有权向有关部门投诉，有关部门应当依法及时处理。

2.《治安管理处罚法》第四十四条规定：猥亵他人的，或者在公共场所故意裸露身体，情节恶劣的，处五日以上十日以下拘留；猥亵智力残疾人、精神病人、不满十四周岁的人或者有其他严重情节的，处十日以上十五日以下拘留。

◎ 普法课堂

关于性侵犯存在界定上的误区，传统观念上认为只有强奸才算是性侵犯。事实上，任何包含性意味的行为都可以视作性侵犯，如强迫他人观看淫秽录像，向他人展示色情图片，窥视他人私密部位等。

父母应如何教导未成年人防范性侵害呢？很多父母认为与孩子谈论性是件很尴尬的事，一般都会选择避而不谈。但是父母必须明白只有让未成年人真正了解性知识，才可以更好地自我保护。那么，父母应当如何向未成年人普及性知识呢？

在这里，我们针对不同年龄阶段的孩子进行了区分性处理：针对小学阶段及其以下的未成年人，父母应当充分向孩子说明身体的哪些部位是他人不可触碰的，讲解时可以用玩具小熊展示，在不可以让他人触碰的部位贴上红色贴纸；针对小学阶段以上的未成年孩子，父母在向其普及性知识时，可以就社会上真实发生的案例展开讨论，根据案例中的真实情况来说明什么行为是性侵害，什么人群是未成年人应该警惕的，以及哪些地点是未成年人不应该和他人单独前往的。

》| 自护小贴士

未成年人因为理解能力的欠缺，在面对带有猥亵意味的行为时往往无法辨别，同时又因为表达能力欠佳，即使感到此种行为让自己不适也无法向父母或监护人清楚表达。因此，未成年人了解哪些行为是带有猥亵意味的行为，并在自己遭受这种行为的侵犯或者面临遭受侵犯的危险时告知父母就显得尤为重要了。

以本案为例，陈老师作为成年人对余媛媛的私密部位的接触就是带有猥亵意味的不好接触（背心与短裙短裤覆盖下的部位是别人不可以触碰的）。在遇到这种情况时，我们应明确对侵犯者说"不"，坚决表达你的拒绝，本案中，余媛媛应该一开始就拒绝陈老师的脱衣要求。但在拒绝过程中要注意方式方法，不要激怒对方以免给自己带来危险。

在现实生活中，小读者们如果遇到了这种不好的接触或让你不舒服的行为时，请努力想办法尽快离开触碰你的这个人，尽快回到父母身边等安全领域。如果无法找到机会逃离对方，并且你们之间的力量相差悬殊，在这种情况下，千万不要盲目反抗，应尽量顺从加害人，拖延时间的同时随机应变，以保护自己的生命安全为首要任务。

》| 测一测

学了这些知识后，让我们来检测一下你对危险的防范意识吧！

请问下列哪些行为会将未成年人置于性侵害的危险之中？

A. 经常单独一人在家；

B. 经常接受陌生人的食物，会和陌生人去僻静处，认为坏人都是长得丑的人；

C. 对性知识一片空白；

D. 认为父母的朋友、老师、邻居都不会是坏人。

第三节　"漂"过来的侵害者

▶ 案例链接

叶晨阳有两个秘密。第一个秘密是他是一名同性恋，这个秘密让他痛苦不安，每天都活在伪装的世界里。因为来自一个破碎的家庭，叶晨阳从小就内心敏感，他既害怕被相依为命的母亲发现，又怕被老师同学发现。

叶晨阳发现自己是同性恋是在一年前，那年他 13 岁，正是青春期开始的年纪。当班里的男同学将目光停留在女生身上时，他的目光却常常驻足在男同学身上。"女生有什么好？还是帅气的男生更让人脸红心跳！"他慢慢地也开始意识到自己与其他男生有所不同，后来他上网了解相关资料后才发现自己其实是一名同性恋。这个结论算是意料之外，但又在情理之中，正好解释了他为什么对女生一点都不感兴趣，总是想盯着帅气的男生看，同时他也比其他同龄的男生更注重外表。

叶晨阳慢慢就接受了自己是同性恋的事实，但却害怕被身边的人发现。从那以后，他渐渐地疏远身边亲近的朋友，上课也无法集中注意力，他甚至开始逃学。网吧成了他的秘密基地，在这里他可以逃离那些让他窒息的琐事。"还是网吧好啊，不像学校那么无聊，同学都不会理解我！网上的人有趣多了，他们和我才是一路人！"在网吧昏暗的光线与烟雾缭绕的环境中，他干得最多的就是聊QQ，在QQ的世界中他不再是那个敏感怯懦而又怀揣秘密的13岁少年，而是充满自信的全新自己。通过漂流瓶他认识了很多新朋友，对着电脑彼端的陌生人他毫无顾忌地倾诉自己的秘密，吐露自己的烦恼，只有这个时候他才会快活起来。

"军哥"就是叶晨阳通过漂流瓶认识的朋友，这就是叶晨阳的第二个秘密。虽然已经40多岁了，但长相帅气的军哥保养得很好，再加上他谈吐幽默，又对叶晨阳充满关心，短时间便使从未体验过父辈关爱的叶晨阳沉溺其中不可自拔，他觉得自己"爱"上军哥了。军哥还经常在网上向叶晨阳传授同性间的性知识，向他传播了大量的淫秽视频和恋童图片，为叶晨阳打开了一个通往黑暗邪恶世界的潘多拉盒子。

在视频了几次之后，军哥要求和叶晨阳见面，早就对军哥有好感的叶晨阳也欣然同意。那一天军哥带叶晨阳吃了他从未吃过的美食，给他买了新的手机，叶晨阳顿时觉得自己成了世界上最幸福的人。傍晚时分，军哥以时间已晚为由提议叶晨阳同他回家过夜，天真的少年毫不犹豫地答应了。到家以后，在军哥的哄骗下，他们发生了性关系，叶晨阳虽然感觉身体很不舒服，但是并不在意，因为终于有人关心、爱护他了，他感觉付出点代价没有关系。

从那以后，军哥定期就会找叶晨阳回家过夜，并且每次发生关系后都会给叶晨阳买礼物来讨他欢心。与军哥的事叶晨阳从未向他人提起，因为在享受着这些美好礼物的同时，他的内心深处又何尝不知道他是在走一条没有曙光的歧路。

无论什么理由，借故堕落的人总是可耻的，越是没有人关爱，越要珍爱自己，保护自己。

▶ 案件来源

广州某处长黄正涛，现年 43 岁，单身独居，曾出演过知名电视剧。他多年来通过 QQ 漂流瓶交友，伺机诱惑性侵数名男童。警方在调查过程中发现，黄正涛的空间内有 160 多个 13 岁以下的未成年人，已知有 4 名未成年人已经被性侵。12 岁男孩小龙（化名），也是受害者之一，黄正涛通过给小龙买电脑和给现金等手段，骗取小龙与其发生性关系 8 次，支付现金共计 1500 元。黄正涛现已被刑拘。除小龙外，他诱骗其他男孩时有的给现金、有的送手机与平板电脑，有的则给一些超市的千元购物卡。[1]

▶ 法律警钟

◎ 法条索引

1. 《刑法》第三百六十四条规定：传播淫秽的书刊、影片、音像、图片或者其他淫秽物品，情节严重的，处二年以下有期徒刑、拘役或者管制。

组织播放淫秽的电影、录像等音像制品的，处三年以下有期徒刑、拘役或者管制，并处罚金；情节严重的，处三年以上十年以下有期徒刑，并处罚金。

制作、复制淫秽的电影、录像等音像制品组织播放的，依照第二款的规定从重处罚。

向不满十八周岁的未成年人传播淫秽物品的，从重处罚。

2. 《最高人民法院、最高人民检察院关于办理利用互联网、移动通讯终端、声讯台制作、复制、出版、贩卖、传播淫秽电子信息刑事案件具体应用法律若干问题的解释》第一条规定：以牟利为目的，利用互联网、移动通讯终端制作、复制、出版、

---

〔1〕 http：//news. xinhuanet. com/politics/2012-08/07/c_ 123541318. htm.

贩卖、传播淫秽电子信息，具有下列情形之一的，依照刑法第三百六十三条第一款的规定，以制作、复制、出版、贩卖、传播淫秽物品牟利罪定罪处罚：

（1）制作、复制、出版、贩卖、传播淫秽电影、表演、动画等视频文件二十个以上的；

（2）制作、复制、出版、贩卖、传播淫秽音频文件一百个以上的；

（3）制作、复制、出版、贩卖、传播淫秽电子刊物、图片、文章、短信息等二百件以上的；

（4）制作、复制、出版、贩卖、传播的淫秽电子信息，实际被点击数达到一万次以上的；

（5）以会员制方式出版、贩卖、传播淫秽电子信息，注册会员达二百人以上的；

（6）利用淫秽电子信息收取广告费、会员注册费或者其他费用，违法所得一万元以上的；

（7）数量或者数额虽未达到第（1）项至第（6）项规定标准，但分别达到其中两项以上标准一半以上的；

（8）造成严重后果的。

利用聊天室、论坛、即时通信软件、电子邮件等方式，实施第一款规定行为的，依照刑法第三百六十三条第一款的规定，以制作、复制、出版、贩卖、传播淫秽物品牟利罪定罪处罚。

第三条规定：不以牟利为目的，利用互联网或者移动通讯终端传播淫秽电子信息，具有下列情形之一的，依照刑法第三百六十四条第一款的规定，以传播淫秽物品罪定罪处罚：

（1）数量达到第一条第一款第（1）项至第（5）项规定标准二倍以上的；

（2）数量分别达到第一条第一款第（1）项至第（5）项两项以上标准的；

（3）造成严重后果的。

利用聊天室、论坛、即时通信软件、电子邮件等方式，实施第一款规定行为的，依照刑法第三百六十四条第一款的规定，以传播淫秽物品罪定罪处罚。

3. 《未成年人保护法》第三十四条规定：禁止任何组织、个人制作或者向未成年人出售、出租或者以其他方式传播淫秽、暴力、凶杀、恐怖、赌博等毒害未成年人的图书、报刊、音像制品、电子出版物以及网络信息等。

◎ 普法课堂

淫秽物品是指具体描绘性行为或者露骨宣扬色情的淫秽性书刊、影片、录像带、录音带、图片音频及其他淫秽物品。

同性恋是指相同性别之间的个体产生爱慕、情感、性吸引及性行为的性倾向现象。同性恋并不是精神疾病，只是一种正常存在的人数较少的性取向，与大众普遍接受的异性恋是一样的。同性恋是基于遗传因素和心理因素形成的，一般不会轻易转变。所以，父母如果发现自己的子女为同性恋，不要强行改变其性取向，应当顺其自然，保障子女健康快乐的成长。

但必须正视的事实是，因同性间的性行为而感染艾滋病的概率更大。因为即使是非常细微的伤口，也会加大艾滋病的传播概率。而同性间的性行为一般是通过直肠进行的，人的直肠黏膜组织非常容易破损，所以同性间的性行为比异性间的性行为更容易传播艾滋病。同性间发生性行为时应做好安全防护措施。

▶ 自护小贴士

网络的普及为怀揣邪恶目的的人提供了便利的作案平台。未成年人应当加强自我保护意识，在父母的监护下上网，避免去黑网吧上网，因为黑网吧是很多性侵害案件滋生的温床。

以本案为例，小龙逃学去网吧，离开了家长与老师的监护范围，把自己置于性侵害者的狩猎范围内，最终成为了性侵害者的猎物。另外，未成年人与陌生人视频聊天也是极其危险的行为，而向网络里的陌生人透露自己的信息、与网上的陌生人见面同样也都是把自己的人身安全与财产安全置于危险的境地中。在网络彼端的人也许在网络的虚拟世界里对你很亲善，但现实中很可能已经把你作为性侵犯的目标。

为了免于成为性侵犯的目标，我们应该坚定地拒绝陌生人的物质诱惑。一般来说，以未成年人为目标的性侵犯者往往会以昂贵礼物为手段诱使未成年人与其发生关系。在本案中叶晨阳为了物质诱惑与成年男性发生性关系是极其不明智的行为，极易引发多种危害后果，如身体上遭到性侵犯，易被传染性病以及对心理造成创伤等。

》| 测一测

了解了这些案例之后，相信小读者们都学到了很多有用的知识，对吗？下面让我们来测一测你对知识的掌握程度吧！

请问下列哪些行为会给你带来危险？

A. 在网上与陌生的叔叔视频；

B. 告诉陌生人你的父母不在身边；

C. 与网友在现实中相见，并且让对方知道你的真实信息；

D. 和网友回家。

第四节　疯狂男孩的暴行

▶ 案例链接

宋世杰今年上初二，因为父母外出打工，所以他一直与奶奶共同生活。爸妈不在身边并没有令宋世杰感到孤单，相反他感到前所未有的自由自在。还在上小学时，宋世杰就迷恋上了网络。起初他只是玩玩游戏、聊聊QQ，但是到了初中之后，宋世杰迎来了他的青春期，身体的发育伴随着荷尔蒙席卷而来，他不再满足于网络游戏与网上聊天。在网友神秘兮兮的推荐下，他开始浏览黄色网站，观看黄色视频，为了提高在黄色网站上的等级，他还上传了大量的黄色视频到网上，也因此掌握了大量的淫秽信息。在脑中海量淫秽信息的作用下，宋世杰非常渴望有机会在现实生活中重演那些令人血脉偾张的画面。

宋世杰的机会在一个周末的傍晚到来，他与网友"猫哥"一同混迹在网吧中消磨了一天的时光，直到肚子饿得咕咕叫，二人才准备回家吃晚饭。结果二人走出网吧后发现身上所有的钱都已经花在了上网上，连坐车回家的钱都没有剩下。怎么办呢？二人学着电影里的大盗相视一笑，不约而同地说"抢呗"。

根据在贴吧上学到的抢劫经验，二人先来到闹市区物色目标。他们选中了一个人独自回家的小学生小辰，尾随小辰至人烟稀少处后，他们把吓蒙了的小辰挟持到了黑暗的巷子深处。"小子！识相点把钱都交出来，看你小胳膊小腿的，也别想反抗！"他们装出凶恶的样子威胁小辰道。小辰吓得拼命反抗，希望可以借机逃脱，可是在双方力量相差悬殊的情况下，可怜的小辰被一顿暴打。"你小子居然敢反抗，看老子不打断你的狗腿！"一阵拳打脚踢后，他们搜遍了小辰的全身，搜身的结果令二人惊怒交加，看上去像"肥羊"的小辰身上居然一分钱也没有。"这家伙居然是个穷鬼！"二人不甘心第一笔买卖就一无所获，便威逼小辰带他们回家搜刮财物。此时，小辰已经吓得瑟瑟发抖了，只得忍着浑身疼痛带他们回家。

到家之后，他们用厨房找到的菜刀撬开了房间里的抽屉，却只找到了30元钱。在猫哥继续翻箱倒柜寻找财物的时候，宋世杰看着被他推倒在地的小辰内心一阵翻滚，何不利用这个小子试一试视频上看到的东西呢。躺在地上的小辰心中不断祈祷他们赶快离开，殊不知更大的危险却向他袭来。宋世杰命令小辰躺到床上，不顾小辰的苦苦哀求丧心病狂地强暴了他。在强暴过程中，宋世杰竟然因不够润滑而跑到厨房将食用油涂抹在生殖器上，继续猥亵小辰。

几天后，公安机关将在校的宋世杰抓获。宋世杰的家属赔偿了小辰3万元人民币，取得了小辰家人的原谅。考虑到宋世杰是未成年人，法院一审判处其缓刑。

》 案件来源

12岁的小学生小木在独自放学回家的途中，遇到了与网友上网结束后无钱回家准备抢劫的初中生小杰。小杰与网友将小木带到小巷子中暴力抢劫，后因不满意收获太少遂命令小木带二人回家，继续搜刮财物。在搜刮财物的过程中，13岁的小杰强暴了年仅12岁的小木。

双方协商后，小木得到了来自小杰家人的3万元赔偿，遂表示谅解了小杰的行为，并请求法院从轻判决。小杰父母坚称小杰本来是一名勤勉自律的学生，但接触网络后小杰经常逃学去黑网吧并沉溺于网上的淫秽录像，而小杰对小木的性侵害也是出于对淫秽视频中情节的效仿[1]

---

〔1〕 http：//news. 163. com/12/1016/04/8DTMTVU600011229. html.

▷ 法律警钟

◎ 法条索引

1.《刑法》第二百六十三条规定：以暴力、胁迫或者其他方法抢劫公私财物的，处三年以上十年以下有期徒刑，并处罚金；有下列情形之一的，处十年以上有期徒刑、无期徒刑或者死刑，并处罚金或者没收财产：

（一）入户抢劫的；（二）在公共交通工具上抢劫的；（三）抢劫银行或者其他金融机构的；（四）多次抢劫或者抢劫数额巨大的；（五）抢劫致人重伤、死亡的；（六）冒充军警人员抢劫的；（七）持枪抢劫的；（八）抢劫军用物资或者抢险、救灾、救济物资的。

第三百六十四条规定：传播淫秽的书刊、影片、音像、图片或者其他淫秽物品，情节严重的，处二年以下有期徒刑、拘役或者管制。

组织播放淫秽的电影、录像等音像制品的，处三年以下有期徒刑、拘役或者管制，并处罚金；情节严重的，处三年以上十年以下有期徒刑，并处罚金。

制作、复制淫秽的电影、录像等音像制品组织播放的，依照第二款的规定从重处罚。

向不满十八周岁的未成年人传播淫秽物品的，从重处罚。

2.《未成年人保护法》第三十六条规定：中小学校园周边不得设置营业性歌舞娱乐场所、互联网上网服务营业场所等不适宜未成年人活动的场所。

营业性歌舞娱乐场所、互联网上网服务营业场所等不适宜未成年人活动的场所，不得允许未成年人进入，经营者应当在显著位置设置未成年人禁入标志；对难以判明是否已成年的，应当要求其出示身份证件。

第四十八条规定：居民委员会、村民委员会应当协助有关部门教育和挽救违法犯罪的未成年人，预防和制止侵害未成年人合法权益的违法犯罪行为。

◎ **普法课堂**

1. 刑事责任年龄，是指法律规定的行为人对自己实施的犯罪行为负刑事责任必须达到的年龄。已满16周岁的人犯罪，应当负刑事责任，即为完全刑事责任年龄。

已满14周岁不满16周岁的人，犯故意杀人、故意伤害致人重伤或者死亡、强奸、抢劫、贩卖毒品、放火、爆炸、投毒罪的，应当负刑事责任，即为相对负刑事责任年龄。14周岁至16周岁的人不犯上述之罪的，不追究刑事责任。

实施犯罪时的年龄，一律按照公历的年、月、日计算。过了周岁生日，从第二天起为已满周岁。

犯罪时系不满16周岁而没有承担刑事责任的未成年人，应敦促其监护人对其进行管教，在判定确有必要的情况下，亦可由政府收容教养。已满14周岁不满18周岁的人犯罪，应当从轻或者减轻处罚。

2. 抢劫罪是以非法占有为目的，对财物的所有人、保管人当场使用暴力、胁迫或其他方法，强行将公私财物抢走的行为。所谓暴力，是指行为人对被害人的身体实行打击或者强制。抢劫罪的暴力，是指对被害人的身体施以打击或强制，借以排除被害人的反抗，从而劫取他人财物的行为。这里的其他方法，是指行为人实施暴力、胁迫方法以外的其他使被害人不知反抗或不能反抗的方法。凡年满14周岁并具有刑事责任能力的自然人，均可以构成抢劫罪的主体。本案中宋世杰虽然实施了抢劫的行为，但因为不满14周岁，不构成抢劫罪。

▶ **自护小贴士**

未成年人放学回家时应与其他同学结伴而行，尽量避免独自一人出行。如不能结伴而行，未成年人在独自放学回家途中应时刻保持警惕，不仅应当提防形迹可疑的成年人，同时也要提防年长或者同龄的未成年人。在遇到抢劫时可以试图与对方周旋，劝说对方放弃犯罪意图，但在双方力量相差悬殊的情况下，千万不要冲动反抗，以免激怒对方。

本案例中，小辰在势单力薄时选择与对方搏斗是非常莽撞的行为，结果逃脱不成，还遭受殴打。

在未成年人对未成年人性侵犯的情况下，可以利用环境或地理条件寻找机会逃脱，或者假意顺从，然后趁对方放松警惕时对加害人脆弱部位（如喉结、鼻梁、眼部）进行打击，从而借机逃脱。

测一测

遇到性侵害时，我们该怎么做呢？从以下选项中选择你认为正确的做法。

A. 即使双方力量悬殊，为了保护"贞操"也应拼死反抗；

B. 尽量与对方周旋，劝说对方放弃犯罪意图；

C. 被侵害后，保留证据，并寻求司法上的救济；

D. 先假意顺从，趁对方不备突袭对方借机逃脱。

电影推荐

学了这么多知识后，让我们来看一部电影放松一下吧。本章为大家推荐的是来自绅士之国英国的一部经典电影——《国王的演讲》。

该片曾获得"2011年奥斯卡最佳影片"的殊荣，电影的故事发生在"二战"前的英国。主人公约克郡公爵因为口吃而在各种大型公开场合丢丑，他的妻子为他寻遍各种方法都不奏效。在一个偶然的机会下，她遇到了语言治疗师罗格。罗格的治疗方法别出心裁，公爵在一次治疗后对他并不认同。但在公爵不自觉地运用罗格的治疗方法并且奏效后，他又重拾了在罗格的帮助下治疗口吃的信念。故事的最后，公爵临危受命继位为英国国王，他登基后的第一个使命便是发表一个振奋人心的演讲。那么最终国王到底能不能克服困境战胜自我呢？就请小伙伴们自己到电影中去找寻答案吧。

第九章

性侵的罪与罚

本章导读

同学们,你们知道性侵行为侵犯了我们的什么权利吗?没错!性侵行为侵犯了我们的性权利(性的自主权、决定权)。法律保护我们每一个人的合法权利,当然也保护我们的性权利。本章将通过四个案例小故事,介绍四个与"性侵"有关的犯罪——强奸罪,猥亵儿童罪,组织、强迫、引诱、容留、介绍卖淫罪,嫖宿幼女罪。希望大家通过本章的学习,能够了解到我国法律是怎样保护我们的性权利不受侵犯的。

第一节　"你情我愿"也犯罪

▶ 案例链接

终于又等到了放学，采铃刚回到家就把书包往沙发一甩，急忙打开电脑上网聊天。果不其然，"恋恋风尘"正在线等着她，还在她上线的第一时间为她"献上"了一束花。顿时，采铃的脸上洋溢着恋人才有的幸福笑容。就这样，两人你来我往，互诉着对彼此的思念之情。

要说这段"网络情缘"缘起何处，倒也简单。采铃是一名13岁的中学生，因为父母平时工作繁忙而无暇顾及她，所以正在青春期的她迷上了网络聊天。在一次网络聊天中，采铃遇见了她的"罗密欧"——一位网名叫"恋恋风尘"的17岁打工少年。两人情投意合、相见恨晚，迅速发展成为"网络恋人"。

这一天，采铃又在和"男朋友"谈情说爱，不知不觉时间飞快地过去了。妈妈下班回家后，看到采铃又在忘我地上网，顿时火冒三丈。

"你整天除了上网，还知道做什么？"妈妈训斥起采铃来。

"我已经是初中生了，你管我那么多干嘛？"绵绵的情意被妈妈的怒吼无情斩断，采铃也生气起来，回敬妈妈一句。

"既然不要我管，那你为什么还住在我这里？"显然，妈妈看到采铃不认错后更加生气了。

"不住就不住，我走还不行吗？"说到这里，采铃鼻子一酸，眼泪已经在眼眶里打转。说完后采铃头也不回地跑出家门，妈妈想拦住她已经来不及了。

离家出走后，采铃马上就想到了自己的"男朋友"，于是便马不停蹄地奔赴"男朋友"工作的地方。看到网上的"小女友"来找他,"恋恋风尘"高兴极了,马上带着采铃在当地吃遍美食,游遍山水。被幸福笼罩的采铃更加认定了身边的人就是她所要找的"白马王子",同时也把回家的念头抛到九霄云外了。

某天晚上,正在热恋的这对小情侣经过海誓山盟后,终于偷尝了禁果。随后,采铃自然而言就和男朋友同居起来,俨然一对小夫妻。

采铃却不知她的离家出走掀起了多大的风波,她的父母因为她的离家出走焦急不已,四处找她。问邻居、问老师都问不到结果,找同学、找朋友也找不出她的踪迹,父母无奈之下只能报警求助。在警方的帮助下,最终在"恋恋风尘"的宿舍里找到了采铃。

然而,故事还没有结束,警方因为"恋恋风尘"涉嫌构成强奸罪对其进行了控制,随之而来的是检察院的起诉。这是"恋恋风尘"和采铃甚至双方家长都始料未及的:你情我愿的性行为怎么会构成犯罪呢?原来我国法律为了保护未满14周岁的幼女,明文规定了行为人明知对方是不满14周岁的幼女,双方自愿发生性关系,不论幼女是否自愿,均以强奸罪定罪处罚。

爱情之美,早恋之痛。"恋恋风尘"和采铃的故事还会继续上演吗?

案例来源

某市中学生冬冬沉溺于网聊,与17岁的覃某发展成"网络恋人"。之后,覃某因多次与未满14周岁的冬冬发生性关系,被法院以强奸罪判处有期徒刑3年,缓刑4年。法院认为,覃某明知对方未满14周岁,而多次与其发生性关系,构成了强奸罪。考虑到覃某尚未成年,主观恶性不强,客观上有家长管教不多、早恋等情形，并得到冬冬父母谅解，法院最终对其适用缓刑。[1]

▶ 法律警钟

◎ 法条索引

1. 《刑法》第二百三十六条规定：以暴力、胁迫或者其他手段强奸妇女的，处三年以上十年以下有期徒刑。

奸淫不满十四周岁的幼女的，以强奸论，从重处罚。

强奸妇女、奸淫幼女，有下列情形之一的，处十年以上有期徒刑、无期徒刑或者死刑：（一）强奸妇女、奸淫幼女情节恶劣的；（二）强奸妇女、奸淫幼女多人的；（三）在公共场所当众强奸妇女的；（四）二人以上轮奸的；（五）致使被害人重伤、死亡或者造成其他严重后果的。

2. 《最高人民法院关于行为人不明知是不满十四周岁的幼女，双方自愿发生性关系是否构成强奸罪问题的批复》指出：行为人明知是不满十四周岁的幼女而与其发生性关系，不论幼女是否自愿，均应依照刑法第二百六十三条第二款的规定，以强奸罪定罪处罚；行为人确实不知对方是不满十四周岁的幼女，双方自愿发生性关系，未造成严重后果，情节显著轻微的，不认为是犯罪。

3. 《关于依法惩治性侵害未成年人犯罪的意见》第十九条规定：知道或者应当知道对方是不满十四周岁的幼女，而实施奸淫等性侵害行为的，应当认定行为人"明知"对方是幼女。

对于不满十二周岁的被害人实施奸淫等性侵害行为的，应当认定行为人"明知"对方是幼女。

对于已满十二周岁不满十四周岁的被害人，从其身体发育

---

[1] http：//news. xinhuanet. com/legal/2014-08/23/c_ 126908023. htm.

状况、言谈举止、衣着特征、生活作息规律等观察可能是幼女，而实施奸淫等性侵害行为的，应当认定行为人"明知"对方是幼女。

第二十条规定：以金钱财物等方式引诱幼女与自己发生性关系的；知道或者应当知道幼女被他人强迫卖淫而仍与其发生性关系的，均以强奸罪论处。

第二十一条规定：对幼女负有特殊职责的人员与幼女发生性关系的，以强奸罪论处。

对已满十四周岁的未成年女性负有特殊职责的人员，利用其优势地位或者被害人孤立无援的境地，迫使未成年被害人就范，而与其发生性关系的，以强奸罪定罪处罚。

◎ **普法课堂**

经过前面的学习，相信聪明的你们已经知道什么是强奸罪了。可是古人有云：百尺竿头，更进一步。为了对强奸罪有更深入的了解，下面让我们一起详细地了解一下强奸罪的有关延伸内容。

强奸罪是一种严重的刑事犯罪，包括两种情形：一是强行与妇女（妇女是指年满 14 周岁的女性）性交的行为；二是与不满 14 周岁的幼女性交的行为（奸淫幼女）。在第一种情形下，罪犯往往会使用各种非法手段，在妇女不愿意、不敢反抗或者没有知觉的情况下，强行与妇女发生性行为。而在第二种情形下，明知对方是尚未满 14 周岁的幼女，仍与其发生性关系的，不管幼女自愿与否，都构成强奸罪。

我国对不同的强奸行为也规定了不同的处罚。首先，强奸妇女和奸淫幼女的处 3 年以上 10 年以下有期徒刑，其中奸淫幼女的从重处罚。其次，如果有下列五种情形的，处 10 年以上有期徒刑、无期徒刑或者死刑：（1）强奸妇女、奸淫幼女情节恶劣的；（2）强奸妇女、奸淫幼女多人的；（3）在公共场所当众强奸妇女的；（4）二人以上轮奸的；（5）致使被害人重伤、死亡或者造成其他严重后果的。由此可见，我国法律对强奸罪的惩治是极为严厉的。

有的同学可能听说过"有期徒刑"这个词，可是你知道"有期徒刑"究竟是什么吗？其实，所谓的有期徒刑，就是指在一定的期间内剥夺犯罪人的自由，在此期间内对罪犯进行改造的一种刑罚。有期徒刑的一般期间为 6 个月以上 15 年以下，可以灵活适用于罪行轻重不同的各种案件，是我国最常见的一种刑罚。无期徒刑则是一种剥夺罪犯终身自由的刑罚。

轮奸是指两个以上男性轮流或同时强奸同一女性的行为。轮奸是一种情节更加恶劣的强奸行为，所以我国法律对这种行为的处罚比一般的强奸行为要更重，处 10 年以上有期徒刑、无期徒刑或者死刑。

▷ 自护小贴士

同学们，强奸罪作为一种严重的刑事犯罪，会对我们的性权利和身心健康都造成巨大的伤害，所以我们对它必须要有清晰的认识。而且，我们要知道我国的法律对强奸罪犯进行处罚是在强奸行为发生之后，这时伤害已经发生，无法弥补，这是我们谁也不愿意看到的。因此，我们要采取最好的防护策略，那就是防患于未然。通过学习强奸罪的定罪和处罚，并在平时的生活中提高警惕，避免遭到侵犯。

以本案为例，采铃是一名未满 14 周岁的幼女，没有性的自主权，即使在采铃自愿与他人发生性关系的情况下，采铃仍然是受害者。因为过早的性行为会增加幼女患上生理或心理疾病的风险，而一旦意外怀孕更会给幼女带来不可消除的身体和心理伤害，这些都是心智尚未完全成熟的幼女难以预料和承担的。因此，我们建议采铃要理性地处理和异性朋友的关系，拒绝早恋，更要拒绝过早的性行为。当有心理或情感上的困惑时，不妨咨询一下父母、老师以及关系要好的大姐姐的意见。作为采铃的父母，也要注重教育的方法，关注青春期孩子的情感问题并进行正确、适度的引导，而不是简单的"一责了之"，否则只会适得其反，就可能导致如案例中逼得女儿毅然离家出走的情况发生。至于采铃的"男朋友"，如果能够早一点了解我国法律的规定，多一点为采铃的身心健康着想，悲剧也许就不会发生了。

身处青春期的我们，渴望得到异性的关注，会对喜欢的人产生好感，这是情窦初开的正常现象。此时就需要我们学会正确处理和异性的关系，拒绝早恋和过早的性行为。同时，在平时的生活当中，我们也要提高警惕，不让犯罪分子有机可乘。如有的犯罪分子会以暴露我们的小秘密或错误来威胁我们和他发生性行为，有的会以"零花钱""零食"等引诱我们和他发生性关系。所以，我们要练就一双"火眼金睛"，辨别出他们的险恶用心，敢于拒绝，勇敢说"不"。

▷ | 测一测

学习了以上这些知识，相信大家已经迫不及待地要检验自己的掌握程度了吧。下面就让我们来测一测吧！

请问以下的哪些行为涉嫌构成强奸罪？

A. 16 岁的伟伟与不满 14 岁的女朋友发生性关系；

B. 王叔叔答应给莉莉 5000 块零用钱，让莉莉和他发生性关系；

C. 林老师要我和他发生性关系，否则就告诉爸爸、妈妈这次的考试我不及格；

D. 小丽为了教训小玲，叫社会成年男子强奸小玲。

第二节　都是游戏惹的祸

▶ 案例链接

　　"哎哟，又输了！"一局飞车比赛的游戏下来，肖沛烦躁地拍了拍键盘，"人家的车一下子就把速度提上来了，我的车半天也提不了速度。"

　　正在懊恼之时，肖沛突然发现坐在旁边的一位帅气的大哥哥也在玩飞车游戏，顿时好奇地把眼睛转向他的电脑屏幕。只见一辆酷炫的跑车像踩着风火轮一样在跑道上飞驰、漂移、加速，不一会儿就把其他的车远远甩在后面。

　　"太酷了！"肖沛情不自禁地喊了出来。

　　"你要试一下吗？"帅气的大哥哥冲他笑了笑，然后腾出位置想让肖沛也感受一下。

　　"好啊，好啊！"沉溺于飞车游戏的肖沛兴奋地回答。

　　说完后，肖沛迫不及待坐到大哥哥的座位上玩了起来。还别说，这个大哥哥的车开起来就是拉风，跟自己的"老爷车"比起来那真是一个天上、一个地下。就这样肖沛玩了一局又一局，根本停不下来，直到大哥哥喊停。

　　"好了，今天玩到这吧。你要是还想玩，明天可以去我家玩哦！"大哥哥很"亲切"地说。

　　"真的可以吗？可是爸爸、妈妈说不能去陌生人的家里玩！"肖沛很希望还能再开几次大哥哥的"车"，但同时也保持着警惕。

　　"你一个小孩子，我能把你怎样呢？而且现在我们是朋友了啊！你来我家后，我送一辆更好的'车'给你！"大哥哥笑眯眯地看着肖沛。

"那好，一言为定！"一听到有更好的"车"可以开，肖沛不管三七二十一就答应了下来，早就把父母平时叮嘱"小心陌生人"的话抛在脑后了。

第二天，肖沛早早地来到大哥哥的家里，期待着大哥哥送他一辆更快的"车"。果然，这个大哥哥看见肖沛如约而至，高兴地送了肖沛一辆网上的酷炫跑车。装备得到更新换代，肖沛迫不及待地在大哥哥的电脑上玩了起来。

就在肖沛沉浸于赛车的世界里时，一双手突然伸向他的下体，令他猝不及防，顿时从虚拟的赛车世界回到现实当中。然而现实却是如此难以置信，这个刚才还很亲切的"知心哥哥"，如今向他伸出了恶魔的双手，开始玩弄起他的下体来。肖沛感到很害怕，想挣脱掉跑出房间，但刚开始挣扎就换来对方的狞笑："你要是再敢乱动，我就把你的照片发到网上，让大家都看见你！"听到大哥哥的威胁，肖沛更加感到恐惧，不敢挣扎，只能任由他摆布。

回到家后，肖沛一个人躲在角落里，脑海里不断地响起大哥哥狰狞的笑声。肖沛的异常举动引起了父母的注意，在父母的再三追问下，他终于道出了事情的原委。听了肖沛的遭遇后，父母感到难以置信，随后马上报了警。

经过警方的调查，发现这个大哥哥利用肖沛沉溺网络游戏的心理，以赠送游戏装备的名义将肖沛诱骗至他的住处，进而对其实行猥亵。最后，这个大哥哥被判处了猥亵儿童罪。

▶ 案件来源

某市个体业主潘某，通过赠送游戏装备、网络游戏币等手段诱骗多名男童，长期对他们进行猥亵。经市检察院提起公诉，法院以猥亵儿童罪判处被告潘某有期徒刑1年6个月。[1]

---

〔1〕 http://news.163.com/13/1205/18/9FBO7TFE00014AEE.html.

》 法律警钟

◎ 法条索引

1.《刑法》第二百三十七条规定：以暴力、胁迫或者其他方法强制猥亵妇女或者侮辱妇女的，处五年以下有期徒刑或者拘役。

聚众或者在公共场所当众犯前款罪的，或者有其他恶劣情节的处五年以上有期徒刑。

猥亵儿童的，依照前两款的规定从重处罚。

2.《关于依法惩治性侵害未成年人犯罪的意见》第二十二条规定：实施猥亵儿童犯罪，造成儿童轻伤以上后果，同时符合刑法第二百三十四条或者第二百三十二条的规定，构成故意伤害罪、故意杀人罪的，依照处罚较重的规定定罪处罚。

对已满十四周岁的未成年男性实施猥亵，造成被害人轻伤以上后果，符合刑法第二百三十四条或者第二百三十二条规定的，以故意伤害罪或者故意杀人罪定罪处罚。

第二十三条规定：在校园、游泳馆、儿童游乐场等公共场所对未成年人实施强奸、猥亵犯罪，只要有其他多人在场，不论在场人员是否实际看到，均可以依照刑法第二百三十六条第三款、第二百三十七条的规定，认定为在公共场所"当众"强奸妇女，强制猥亵、侮辱妇女，猥亵儿童。

第二十四条规定：介绍、帮助他人奸淫幼女、猥亵儿童的，以强奸罪、猥亵儿童罪的共犯论处。

第二十五条规定：针对未成年人实施强奸、猥亵犯罪的，应当从重处罚，具有下列情形之一的，更要依法从严惩处：

（1）对未成年人负有特殊职责的人员、与未成年人有共同家庭生活关系的人员、国家工作人员或者冒充国家工作人员，实施强奸、猥亵犯罪的；

（2）进入未成年人住所、学生集体宿舍实施强奸、猥亵犯罪的；

（3）采取暴力、胁迫、麻醉等强制手段实施奸淫幼女、猥亵儿童犯罪的；

（4）对不满十二周岁的儿童、农村留守儿童、严重残疾或者精神智力发育迟滞的未成年人，实施强奸、猥亵犯罪的；

（5）猥亵多名未成年人，或者多次实施强奸、猥亵犯罪的；

（6）造成未成年被害人轻伤、怀孕、感染性病等后果的；

（7）有强奸、猥亵犯罪前科劣迹的。

◎ **普法课堂**

为了让同学们更好地理解猥亵儿童罪，下面我们将向同学们逐一介绍与猥亵儿童罪有关的小知识。

猥亵儿童罪是指猥亵不满 14 周岁儿童的行为，是为了保护广大儿童的性权利和健康权等人身权利而设立的罪名。

成立猥亵儿童罪首先要有猥亵儿童的行为，如何分辨出哪些行为属于猥亵行为呢？首先，在猥亵过程中，不管儿童是否自愿，也不管行为人是否采取了强迫或威胁的手段，均可以成立猥亵儿童罪。其次，儿童包括不满 14 周岁的男童和女童。千万不要认为猥亵儿童罪只是保护幼女的权利，猥亵幼男也会构成猥亵儿童罪。最后，成立猥亵儿童罪，须明知对方是或可能是儿童，仍故意实行猥亵行为。

根据我国《刑法》的规定，根据案件的具体情况不同，对猥亵儿童罪的处罚也有所不同，主要分为两种处罚情况。第一种情况是在 5 年以下有期徒刑或者拘役的刑罚幅度内从重处罚；第二种情况是针对聚众或在公众场所猥亵儿童的，在 5 年以上有期徒刑的刑罚幅度内从重处罚。这里的"公众场所"是指在车站、教室、公园、街道等公众聚集之地。

由于儿童的身心发展还不健全，对自身遭遇的猥亵行为往往认识不足。犯罪分子正是利用了这一点，在校园、游泳馆、儿童游乐场等公众场所对儿童进行猥亵。而我国刑罚对于在公众场所猥亵儿童的行为也是从重处罚的。此外要注意，判断一个场所是否为公众场所时，不能以猥亵儿童的行为发生时人数不多为由，否认这个场所是公众场所。

▷ | 自护小贴士

猥亵儿童罪是一项刑事犯罪，虽然其危害程度相对于强奸罪来说轻一些，但因为比较隐蔽而难以被人发觉，甚至儿童本身也不清楚是否遭受到了猥亵。

以本案为例，肖沛进出网吧（成人场所），沉迷于网络游戏，这就给了犯罪分子可乘之机；而在面对仅有一面之缘的大哥哥邀约自己时，肖沛明知答应了很有可能会遇到危险却还是答应了，最终遭遇了犯罪分子的侵犯。由此可见，肖沛在日常生活中没有真正做到对身边的危险保持应有的警惕。所以要想避免悲剧的发生，可行的做法是：培养良好的生活习惯和积极向上的兴趣爱好，切莫进入鱼龙混杂的成人场所；学会分辨陌生人的"善意"，切莫和陌生人独处一室。当然，肖沛的父母也存在教育不足的地方。首先，肖沛的父母有责任引导肖沛养成健康的兴趣爱好，并严格限制肖沛进出网吧等成人场所。其次，肖沛的父母对猥亵儿童罪的相关内容缺乏了解，没有充分认识到男孩子也有可能会遭遇猥亵。因此，我们建议肖沛的父母要注重引导孩子养成好的习惯和爱好，并学习猥亵儿童罪的有关知识。

在现实生活中，有些犯罪分子通过给予儿童金钱或游戏装备等物质利益，让儿童自愿上钩，从而对其进行猥亵；也有些犯罪分子利用儿童对猥亵行为的认识不足，对儿童进行威胁。因此，要想避免遭遇猥亵，最好的自护策略就是清楚地认识到哪些行为是猥亵行为，在发现他人的猥亵意图后，勇敢地说

"不"，并及时报告父母或老师。而一旦遭遇猥亵，应在保护自身安全的前提下，想办法逃跑或向外界求救。

▶ 测一测

本节我们一起学习了猥亵儿童罪的内容，你现在是不是对相关的知识点了如指掌了呢？下面就让我们来测一测吧。

请问以下哪些行为涉嫌构成猥亵儿童罪？

A. 吴某答应赠送顶级装备给小刚，但前提是要接触小刚的生殖器官；

B. 在公园里，有人向莉莉露出他的下体；

C. 璐璐在放学回家的路上被人猥亵了，但那人说不知道璐璐是幼女；

D. 在公交车上，张某对 13 岁的小静动手动脚，动作肮脏下流。

第三节 爱美之心不可过

▶ 案例链接

"魔镜啊，魔镜啊，谁是这个世界上最漂亮的女人？"安妮穿着刚买回来的时髦衣服，站在镜子前"孤芳自赏"，还学着念起了《白雪公主》里皇后的台词。"当然是安妮你啦！"安妮代替镜子骄傲地回答说。

俗话说：爱美之心，人人有之。作为一个漂亮的女孩子，安妮自然也不例外。为了让自己变得更漂亮，安妮总是不断变换着各式各样的时尚衣服，家里也堆满了各种各样的化妆品。黄金有价，而美貌无价，安妮为了得到最新款的衣服和化妆品，总是吵着家人给她钱。但爸爸、妈妈只是外出打工一族，哪来那么多的钱给她呢？因此，安妮经常感到苦恼不已。

一天放学，安妮和同样爱美的丽丽走在一起。走着走着，两位兴趣相投的"爱美的同志"彼此打开了话匣子。

"安妮，你知道吗？最近那家店又出了一套新服装。"

"真的吗？咱们快去看看吧！"安妮兴奋起来。

"不用去了，去了你也买不起，要两千多块钱呢！"

"啊?!"一听到服装的价格，安妮那亢奋的心情又低沉下来了，"要是能找到一个赚钱的法子就好了。"

"难道你没听说过美貌也是一种生产力吗？你这么漂亮，赚钱对你来说那真是轻而易举啊！"

"真的吗？怎么个赚法？"安妮顿时好奇起来。

"就是你陪那些有钱人玩一下，他们便会给你很多钱的。"

"啊，这样不太好吧？"安妮听完，有点犹豫。

"世界上最痛苦的莫过于一件漂亮的衣服摆在你面前，而你不能穿。"丽丽的话看似在开玩笑，却撩拨着安妮的心。

此时的安妮眼前仿佛呈现出一套精美华丽的衣服，穿上它就能成为万众瞩目的绝世佳人，安妮不禁心旷神怡起来。

"好！为了赚钱买衣服，我试一下！"爱美的心理占据了安妮的大脑。

于是，在丽丽穿街过巷的带领下，安妮见到了一位打扮得花枝招展的大姐姐。这位大姐姐一看到安妮，立刻就笑得合不拢嘴："好标致的小妹妹啊，跟着姐姐我，保证你有花不完的钱！"

昏暗的空间和大姐姐令人发麻的话语，安妮本能地感到害怕，刚才想买漂亮衣服之类的念头也随之打消了。正当安妮想迈步离开时，有人关上了门，前一刻还笑呵呵的大姐姐此时却变成狰狞的魔鬼："哪能说不干就不干？你以为你是谁？等一会你去陪客人睡觉，要是客人找我投诉，小心我打断你的腿！"大姐姐边说边拿出一条鞭子。

安妮顿时浑身颤抖起来，心想：对了，丽丽呢？我要向她求助！可是放眼望去，丽丽早已不见了踪影。大姐姐看穿了安妮的心思，冷冷地说："不用找了，丽丽是专门帮我招募你们这些小女生的！"

听完后，安妮感觉世界末日就要来临，害怕得抽泣了起来。但是，无论如何悔恨，如何哭泣，一切都于事无补，安妮已经羊入虎口。在大姐姐的威胁下，安妮只能一次次面对满脸横肉、面目狰狞的"客人"。

天网恢恢，疏而不漏。大姐姐组织和强迫少女卖淫的罪行败露，最终被公安机关一举抓获，安妮也终于被解救了出来。然而，安妮的身体憔悴了许多，心里也留下了不可磨灭的阴影。

案件来源

2007 年 10 月，李丽指使未成年人李某、刘某采用威胁等手段强迫未成年女学生到其住处卖淫以牟取非法利益。李某、刘某等人威胁并多次强行将中小学的女学生王某等十人带到李丽处，由李丽组织联系他人嫖宿。[1]

法律警钟

◎ 法条索引

1. 《刑法》第三百五十八条规定：组织、强迫他人卖淫的，处五年以上十年以下有期徒刑，并处罚金；情节严重的，处十年以上有期徒刑或者无期徒刑，并处罚金或者没收财产。

组织、强迫未成年人卖淫的，依照前款的规定从重处罚。

犯前两款罪，并有杀害、伤害、强奸、绑架等犯罪行为的，

---

[1] http://www.gz.xinhuanet.com/ztpd/xssj/.

依照数罪并罚的规定处罚。

为组织卖淫的人招募、运送人员或者有其他协助组织他人卖淫行为的，处五年以下有期徒刑，并处罚金；情节严重的，处五年以上十年以下有期徒刑，并处罚金。

第三百五十九条规定：引诱、容留、介绍他人卖淫的，处五年以下有期徒刑、拘役或者管制，并处罚金；情节严重的，处五年以上有期徒刑，并处罚金。

引诱不满十四周岁的幼女卖淫的，处五年以上有期徒刑，并处罚金。

第三百六十一条规定：旅馆业、饮食服务业、文化娱乐业、出租汽车业等单位的人员，利用本单位的条件，组织、强迫、引诱、容留、介绍他人卖淫的，依照本法第三百五十八条、第三百五十九条的规定定罪处罚。

前款所列单位的主要负责人，犯前款罪的，从重处罚。

第三百六十二条规定：旅馆业、饮食服务业、文化娱乐业、出租汽车业等单位的人员，在公安机关查处卖淫、嫖娼活动时，为违法犯罪分子通风报信，情节严重的，依照本法第三百一十条的规定定罪处罚。

2.《关于依法惩治性侵害未成年人犯罪的意见》第二十六条规定：组织、强迫、引诱、容留、介绍未成年人卖淫构成犯罪的，应当从重处罚。强迫幼女卖淫、引诱幼女卖淫的，应当分别按照刑法第三百五十八条第一款第（二）项、第三百五十九条第二款的规定定罪处罚。

对未成年人负有特殊职责的人员、与未成年人有共同家庭生活关系的人员、国家工作人员，实施组织、强迫、引诱、容留、介绍未成年人卖淫等性侵害犯罪的，更要依法从严惩处。

◎ 普法课堂

同学们听说过组织、强迫、引诱、容留、介绍卖淫等罪吗？

没有听说过也没有关系，虽然这组罪名听起来很长，不要担心，下面我们将逐一向大家介绍。

组织卖淫罪，是指通过雇佣、强迫、引诱、容留等手段，控制他人从事卖淫活动的行为。犯罪人往往通过提供场所、安排卖淫人员等形式，有组织地进行卖淫活动。

强迫卖淫罪，是指在他人不愿意从事卖淫活动的情况下，通过暴力、胁迫等具有强制性的方式迫使他人卖淫的行为。

协助组织卖淫罪，是指协助他人组织卖淫的行为，如帮助组织卖淫的人招寻、运送卖淫人员或者为了卖淫活动的顺利进行而充当"保镖"、打手等行为就是协助组织卖淫行为。

引诱、容留、介绍卖淫罪，是指引诱、容留、介绍他人卖淫的行为。引诱是指通过利诱等方法使没有卖淫意图的人产生卖淫的意图，进而开始从事卖淫活动；容留是指为他人的卖淫活动提供场所的行为；介绍是指充当卖淫者和嫖客的中介，使他人得以进行卖淫的行为；引诱幼女卖淫罪是从引诱卖淫罪中独立出来的一个罪名，是指引诱不满十四周岁的幼女卖淫的行为。

组织、强迫、引诱、容留、介绍卖淫罪的处罚：

1. 组织、强迫卖淫罪的，处 5 年以上 10 年以下有期徒刑，并处罚金；有下列情形之一的，处 10 年以上有期徒刑或者无期徒刑，并处罚金或者没收财产：（1）组织他人卖淫，情节严重的；（2）强迫不满 14 周岁的幼女卖淫的；（3）强迫多人卖淫或者多次强迫他人卖淫的；（4）强奸后迫使卖淫的；（5）造成被强迫卖淫的人重伤、死亡或者其他严重后果的。有上述五种情形之一，情节特别严重的，处无期徒刑或者死刑，并没收财产。同时，旅馆业、饮食服务业、文化娱乐业、出租汽车业等单位的主要负责人，利用本单位的条件组织、强迫他人卖淫的，从重处罚。

2. 协助组织卖淫罪的，处 5 年以下有期徒刑，并处罚金；

情节严重的，处五年以上 10 年以下有期徒刑，并处罚金。同时，旅馆业、饮食服务业、文化娱乐业、出租汽车业等单位的主要负责人，利用本单位的条件，协助他人组织卖淫活动的，从重处罚。

3. 引诱、容留、介绍卖淫罪的，处 5 年以下有期徒刑、拘役或者管制，并处罚金；情节严重的，处 5 年以上有期徒刑，并处罚金。同时，旅馆业、饮食服务业、文化娱乐业、出租汽车业等单位的主要负责人，利用本单位的条件，引诱、容留、介绍他人卖淫的，从重处罚。

4. 诱幼女卖淫罪的，处 5 年以上有期徒刑，并处罚金。同时，旅馆业、饮食服务业、文化娱乐业、出租汽车业等单位的主要负责人，利用本单位的条件，引诱幼女卖淫的，从重处罚。

管制是指对罪行较轻的罪犯，虽然不予关押，但其自由受到公安机关、法院和司法行政机关限制的一种刑罚。管制的一般期间为 3 个月以上 2 年以下；拘役只是罪行较轻的罪犯，予以关押，短期内剥夺其人身自由，对其就行改造的一种刑罚。拘役的一般期间为 1 个月以上 6 个月以下。

罚金是指法院判处罪犯向国家缴纳金钱的刑罚。罚金也是我国刑罚中的一种，通常适用于非法获取经济利益的案件。没收财产是指法院判处罪犯个人财产的一部分或全部收归国家的刑罚。没收财产通常适用于犯罪情节较重的案件。

≫ 自护小贴士

组织、强迫、引诱、容留、介绍卖淫罪等一系列罪名设立的目的是为了打击卖淫活动，保护未成年人的性权利。我们除了要认识到卖淫行为是一种违法的行为外，还要认识到组织、强迫、引诱、容留、介绍他人（尤其是幼女）卖淫更是属于犯罪行为。而在平时，我们也应做好自我防护，以免不慎"羊入虎口"。

以本案为例，首先，安妮对外表的追求不仅超出了合理的限度，而且也超出了她的承受范围，这种过于追求美的心态会成为她的弱点，也使犯罪分子有机可乘。其次，天上不会掉下馅饼，面对他人的利诱，安妮没有保持头脑清醒，从而掉进了犯罪分子设计好的陷阱里。在这里我们建议安妮：万事不宜过头，一旦走过了头，头脑就失去了理智，容易走进不法分子设下的圈套，最终成为受害者。爱美之心，人人皆有，我们只需保持适度的爱美之心即可。此外，如果看见天上掉下了"馅饼"，应保持冷静，因为"馅饼"往往是犯罪分子布下的"陷阱"。而一旦遭遇了犯罪分子强迫卖淫，首先要以保证自身的安全为前提，并抓住时机脱逃，或者时刻想办法与外界取得联系，学会积极求助。

回到现实，我们要怎样做才能避免成为受害者呢？首先，在平时的生活中，要想不落入被犯罪分子强迫卖淫的陷阱，要做到：第一，少去偏僻、混乱的场所，即使要去也应有大人的陪伴；第二，不要和陌生人独处。其次，要想不受犯罪分子引诱卖淫，关键是谨慎交友和保持清醒。这是因为很多犯罪分子都"杀熟"，即都是从身边的人开始下手，以丰厚的金钱利益为诱饵，引诱他们走上卖淫的道路。而面对他人所谓的"让你快速赚钱""赚大钱"等不合常理的承诺时，我们应保持清醒，坚定地拒绝加入他们。

》 测一测

本节我们了解了组织、强迫、引诱、容留、介绍卖淫罪等一系列罪名，你真的掌握了吗？你可以辨别出其中的每个罪名吗？一起做一做下面这道测试题吧。

请说出上面案例中，大姐姐、丽丽分别触犯了哪一个罪名？

第四节　幼女不可侵犯

▶ 案例链接

　　潘明涛在某事业单位供职，过着"岁月静好，现世安稳"的日子。但自从他认识一群所谓的酒肉朋友后，一切都变了。在他这群"朋友"的影响下，他开始变得花天酒地，整天想方设法找乐子。

　　这一天，正当潘明涛百无聊赖之际，"好朋友"朱晓明打电话过来："好兄弟！我最近发现杨妈妈那里来了几个漂亮的小姑娘，要不要晚上一起去看一下。"听到这个"好消息"，潘明涛两眼发亮，兴奋地回答："哈哈，不愧是我的好兄弟！那今晚不见不散！"挂完电话后，潘明涛眉开眼笑，恨不得下一秒就是下班时间。

　　到了晚上，潘明涛和朱晓明又叫上了其他狐朋狗友，一群人浩浩荡荡地奔向了杨妈妈的住处。

　　"各位老板，你们的消息真是灵通啊！我刚弄来几个新鲜的小姑娘，就被你们盯上了！"杨妈妈谄笑着。

　　"哈哈，不找点新花样，我就快无聊死了！"潘明涛高兴地回答。

　　于是，在杨妈妈的带领下，潘明涛进入了一个幽暗而又窄小的房间。过了一小会，有一位小姑娘战战兢兢地走了进来。潘明涛仔细地打量了一下她，只见这位小姑娘瘦瘦弱弱的，清秀的脸上还充满着稚气，身体也还没发育。"这么小的姑娘，应该还在上学吧，怎么会从事这个行当呢？"潘明涛感到有点纳闷，"算了，管他呢！我付了钱是来找乐子的！"就这样，潘明涛和这个小姑娘发生了性行为，事后潘明涛还给了她一百块钱作为报酬。

在此之后，潘明涛等人又多次和这些看起来年幼的小姑娘发生了性关系。然而，纸始终包不住火，杨妈妈强迫幼女卖淫一事最终东窗事发，潘明涛等人也因涉嫌嫖宿幼女罪被公安机关逮捕。经审判，法院认为潘明涛等人嫖宿未满14周岁的幼女并支付相应的嫖资，已经构成嫖宿幼女罪。

谁知潘明涛却大呼冤枉："我并没有强迫这些幼女和我发生性关系，是她们自愿的！"

"嫖宿幼女既伤害了幼女的身心又有伤风化，为社会所不容，更是法律所严惩的！按照我国《刑法》规定，就算她们是自愿的，也并不影响嫖宿幼女罪的成立！"看到潘明涛还振振有词，法官严肃地说。

"可是我当时并不知道她们是未满十四周岁的幼女啊！"潘明涛妄图抓住最后一根稻草。

"你在事先就听说她们是小姑娘，在嫖宿过程中从她们的外貌、声音等特征也能推测出她们完全有可能是未满14周岁的幼女！"法官义正词严地反驳了潘明涛的狡辩。

终于，在铁证如山面前，潘明涛等人像霜打的茄子——蔫了。

案例来源

2008年5月至7月，冯某等人经李丽联系，对未满十四周岁的中小女学生进行嫖宿。经查明后，冯某等人分别被判处七年至十四年不等的有期徒刑。[1]

法律警钟

◎ 法条索引

1.《刑法》第三百六十条规定：明知自己患有梅毒、淋病

_____

[1] http://www.gz.xinhuanet.com/ztpd/xssj/.

等严重性病卖淫、嫖娼的，处五年以下有期徒刑、拘役或者管制，并处罚金。

2.《最高人民检察院关于构成嫖宿幼女罪主观上是否需要具备明知要件的解释》指出：行为人知道被害人是或者可能是不满十四周岁幼女而嫖宿的，适用刑法第三百六十条第二款的规定，以嫖宿幼女罪追究刑事责任。

◎ **普法课堂**

嫖宿幼女罪，是指嫖宿未满 14 周岁幼女的行为，是为了保护幼女的身心健康和社会良好风尚而设立的一项罪名。

要成立嫖宿幼女罪，首先要有嫖宿行为。明知卖淫女是不满 14 周岁的幼女，而与之发生性关系并支付相应嫖资的行为，就是我们所说的嫖宿行为。首先，嫖宿行为是以幼女从事卖淫活动为前提，如果幼女没有从事卖淫活动而是自愿与行为人发生性关系，则不是嫖宿行为，而是我们前面所讲的强奸罪的第二种情形（奸淫幼女）。其次，无论幼女是自愿从事卖淫活动还是被迫从事卖淫活动，均不影响行为人成立嫖宿幼女罪。最后，嫖宿行为要求行为人知道从事卖淫活动的是或可能是幼女时，还与之发生性关系。一般来说，行为人可以从对方的身体发育状况、言谈举止、衣着特征、生活作息规律等观察对方是否是幼女。

我国对嫖宿幼女的行为规定了很重的刑罚。根据我国《刑法》的规定，犯嫖宿幼女罪的，处 5 年以上有期徒刑，并处罚金。

> **自护小贴士**

嫖宿幼女的行为不仅大大地超出了人们的道德底线，还影响到幼女的身心健康，侵犯了幼女的性权利。在现实生活中，许多幼女因受到强迫和引诱而走上了卖淫的道路。幼女如何才能避免遭遇嫖宿行为呢？最直接的办法就是避免受到犯罪分子强迫、引诱卖淫，这就需要做到以下两点：一方面要洁身自好，尽量不要去成人场所和偏僻场所，避免和异性、陌生人独处；另一方面要时刻保持清醒，抵制他人的诱惑。

▶ 测一测

本节我们了解到嫖宿幼女罪的相关知识，相信聪明的你们一定都掌握了吧？下面请回答以下四个小问题吧，测一测你知道多少哦！

A. 嫖宿幼女罪有哪些特点；

B. 我国对于嫖宿幼女罪是如何处罚的；

C. 嫖宿幼女罪的主观要求是什么；

D. 嫖宿幼女罪的客观要求是什么。

▶ 电影推荐

本章我们推荐的电影是一部美国动作喜剧片——《超级奶爸》。

影片中的主人公谢恩·乌尔夫是一名美国海军特种作战部队的精英队员，每次的任务他都能够出色地完成。但这一次的任务却使他陷入了极度的窘境——他要成为五个孩子的保姆并保护他们的安全。铁血硬汉和五个小鬼头究竟会摩擦出怎样的火花呢？请同学们自己去观赏这部笑料满满的电影吧！

第十章

性侵的救济

本章导读

　　小读者们在前面几章系统学习了什么是性、什么是性侵害以及如何防范性侵害。最后一章我们不得不考虑最坏的事情，假如这种不幸真的在自己身上发生了，我们又该怎样去面对？本章将主要从未成年人的角度出发，以自我救助、社会救济、行政救济、司法救济四个方面为主要内容，不仅让未成年人学会如何防止性侵害，还能够在不幸发生后采取有效的救济措施，以此减少犯罪行为对未成年人身心健康的危害。与此同时，本章也将兼顾监护人的立场，希望他们从中也能学习到一些救济方法，从而更合法有效地保护未成年人的合法权益。

第一节 来自网络的诱惑

汪小涵是个性格内向的女孩，平时很少跟别人交流，无聊时总是摆弄着开学初爸爸给她买的手机。

有一天，一个网名叫阿狗的人加了汪小涵的 QQ。

"美女，在干嘛呢？"这是阿狗加她 QQ 后说的第一句话。汪小涵看到 QQ 弹出的消息，就有些害羞地低下头，急忙把手机放在抽屉里，害怕被其他同学看见。

这可是第一次有男生叫她美女，她不知是高兴还是羞涩，满脸通红着，感觉自己的心脏狂跳了整整一节课。

下课后，汪小涵赶忙拿出手机礼貌地回复道："你好！很高兴认识你，请问你是谁？"

之后两个人你来我往地开始聊起来，慢慢就变得熟识了。

汪小涵本来是一个内向的女生，在现实生活中时常压抑着自己，很多话都不知道跟谁说。现在好了，在虚拟的网上，她再也没有什么顾虑，手机里的阿狗成了她倾诉的对象，大到理想是什么，小到晚饭吃什么，两个人无话不谈。

就这样持续了一个多月。终于，在一个夜晚，阿狗在逗汪小涵开心之后，对她说："小涵，你是个很好的女孩子。让我照顾你吧，做我的女朋友，好吗？"

看到这条弹出来的告白消息，汪小涵有些意外，也有些惊喜。此时的她内心十分纠结，一方面她一直渴望着有个人能照顾她，哪怕只陪她聊天也好，可另一方面她也知道自己才上初一，恋爱的事想都不能想。

在纠结中，她慢慢睡着了。第二天醒来看手机，一连串的都是阿狗的信息，他一直在苦苦哀求着汪小涵做他女朋友，到最后他甚至以为汪小涵不理他了，所以又要求跟汪小涵见一面作个决断。汪小涵看着这些信息觉得有点揪心，就打算到他约定的地方跟他见一面，把事情说清楚。

傍晚，汪小涵鼓起勇气向阿狗约她的校园边小树林走去。QQ信息里，阿狗说会在树林的入口等她，他会戴个小红帽。汪小涵走到他跟前打量着，跟照片里的长相差不多，但真人更显得高大一些。

阿狗见汪小涵竟然会来，有些喜出望外，赶忙迎上去，激动地拉着汪小涵的手说："小涵，我就知道你会来的。你也是喜欢我的，对不对？"

汪小涵知道阿狗误会了自己的意思，挣扎着想要走开。这时阿狗露出了他的真面目，把汪小涵强行拉进小树林里，嘴里嘟囔着："不管你愿不愿意，今天你都是我的人，敢反抗我就掐死你。"

汪小涵瞬间被吓得不知所措，僵住的身体被阿狗用力拖进树林里。等反应过来，她用力挣扎，还是抵不过高大的阿狗。阿狗把她的衣服撕扯开来，开始疯狂地侵犯她。

完事后，阿狗用手机拍下了汪小涵被蹂躏后狼狈的样子。随后他拍打汪小涵满是泪痕的脸威胁道："你要是敢把今天的事泄露出去，那么你的裸照也会泄露出去。"说完，他便一脸满足地走了。

汪小涵整理好自己的衣服，像个木头人一样走出小树林，茫然地望着亮起的路灯不知所措。等回到家里，她开始一遍又一遍不停地洗澡，可是感觉永远也洗不掉残留脑海里恐怖的记忆了。

更悲剧的是，两三个月后，汪小涵发现自己的肚子变得越来越大，她被侵犯后就有了身孕。一次洗澡时被妈妈发现异常，汪小涵只好把事情的经过告诉了妈妈。又震惊又心痛的妈妈连忙带着汪小涵到派出所报警，可此时阿狗早就逃之夭夭了。

案件来源

2013 年 8 月，家住阿瓦提县的 55 岁男子李某通过 QQ 聊天，认识了 13 岁少女小飞。李某谎称自己只有 22 岁，想找对象，用花言巧语骗得了小飞的信任后，与其多次发生性关系。为了讨小飞开心，他先后给小飞 100 元现金、一部手机以及一条假项链。

小飞的父亲无意间看见女儿在玩新手机，便心存疑虑。在父亲的一再追问下，小飞才承认自己在网上认识一个"叔叔"，已经"好"了三个多月。知道事情原委后父亲既心痛又愤怒，当日便带着女儿报案。很快，涉嫌强奸的男子李某被公安机关抓获。

阿瓦提县人民法院审理此案后认为，李某明知小飞不满 14 周岁而与其多次发生性关系，其行为已触犯《刑法》，构成强奸罪，于 2014 年 4 月 2 日判处其有期徒刑 4 年 6 个月。[1]

法律警钟

◎ 法条索引

《刑法》第二十条规定：为了使国家、公共利益、本人或者他人的人身、财产和其他权利免受正在进行的不法侵害，而采取的制止不法侵害的行为，对不法侵害人造成损害的，属于正当防卫，不负刑事责任。

正当防卫明显超过必要限度造成重大损害的，应当负刑事

---

〔1〕 http：//www.dyzxw.org/html/article/201404/09/168274.shtml.

责任，但是应当减轻或者免除处罚。

对正在进行行凶、杀人、抢劫、强奸、绑架以及其他严重危及人身安全的暴力犯罪，采取防卫行为，造成不法侵害人伤亡的，不属于防卫过当，不负刑事责任。

◎ 普法课堂

小读者们，我们经常说当遭受到坏人的侵犯时，我们可以采取正当防卫，可是你们知道究竟什么是"正当防卫"吗？

正当防卫简单地说就是自我保护，下面"自护小贴士"里提到"趁对方没有防备的时候，攻击他的眼睛或裆部""在小树林里随手抓起一把沙子或者树枝朝对方的眼睛扔去"的这些做法实质上都属于我国《刑法》中的"正当防卫"行为。那么，我国法律究竟是怎么明确定义正当防卫的呢？

正当防卫，是指为了维护国家、公共利益、本人或者他人的人身、财产和其他权利，而对正在进行的不法侵害采取防卫措施，所采取的措施对不法侵害人造成伤害的，不负刑事责任。

需要提醒大家注意的是，正当防卫对时间有严格的要求，只能在犯罪行为正在进行时才能实施正当防卫，不能一见面认为人家不怀好意或者在事发之后，再次遇见侵犯自己的人时对他们进行打击，这些情况就不算正当防卫，反而有可能会构成犯罪。

▶ 自护小贴士

我国现今的未成年人是伴随网络长大的一代，所以基本上都有个共同爱好，那就是就是喜欢上网，这也给网上那些抱有非法意图的"叔叔""哥哥"们提供了可乘之机。据了解，近年来在全国各地，犯罪分子利用 QQ 聊天诱骗未成年少女，并对其进行性侵的案件频频发生，引起各方的高度关注。喜欢上网的小读者们，我们应该怎样预防通过网络引起的性侵害呢？在侵害发生时以及发生后我们该怎样进行自我救助呢？

首先，网上交友要慎重，不要跟网友或其他陌生人外出。如果确实有必要跟他们外出，要事先了解好他们的身份信息（注意：身份信息要以身份证、学生证、驾驶证等有效证件信息为准）。出发前要先跟亲人朋友打招呼，告诉他们自己将和谁去哪里、什么时候回来。尽量不要一个人独自前去，最好带上一两个同伴，并且不能去没有第三者在的地方（如宾馆房间、小树林里或其他少人的地方）。案例中，受害人汪小涵的很多做法都是错误的。虽然网上聊天并没有什么危险，但在还没了解对方的情况下就独自和网友在人烟稀少的小树林会面，此举甚为危险，实在是置自己的安危于不顾。

其次，在受到侵害的过程中要学会机智反抗。遭受侵害时，最有效的办法就是大声叫喊救命，但当呼救没有人听见、不管用时就不要继续了，以免刺激罪犯。如果有能力、有条件可进行正当防卫的，可趁对方没有防备的时候，攻击他的眼睛或裆部。案例中的汪小涵虽然也挣扎，但是明显达不到效果，她的主要问题的是被坏人吓唬慌了神，其实在小树林里，她可以随手抓起一把沙子或者树枝朝对方的眼睛扔去，然后乘机逃脱。

如果不幸不能挣脱，被侵害了，此时不要惊慌失措，要尽量保持镇定。记住坏人的相貌特征，不要马上清洗身子，因为自己的身上与衣物上很有可能会保留罪犯的指纹、毛发、体液等，之后可以作为有力的证据将罪犯绳之以法。要第一时间告诉大人事情的经过，不能因为恐惧、羞耻而不敢说出来，否则事情往往会变得更为严重。就像故事中的汪小涵，被侵犯后没有及时告诉家长，不仅怀孕了，还错过了最佳抓捕期，使犯罪分子逍遥法外。

第二节　校园女神的烦恼

▶ 案例链接

　　漂亮女生往往很受大家的欢迎，所以没有女生不希望自己漂亮的。但有时候，漂亮也是一种烦恼，最近风亭中学的"校园女神"何雨欣就遇到这样的烦恼了。

　　事情源于最近学校将要举办的一场元旦文艺晚会。身为班级文娱委员的何雨欣，必须要安排好自己班的节目，争取在晚会上取得好成绩。正当她为这事苦恼的时候，班主任周老师找到了她商量节目的事情，何雨欣坦然地告诉了老师自己的一些想法，她想表演一段舞蹈，但是现在舞蹈还没有选好。周老师了解情况后提议何雨欣晚自习后到他的住处，师生两人再用电脑查找一些舞蹈。何雨欣很感激周老师这么帮助自己，自然是连连点头。

　　晚自习后，何雨欣如约来到了周老师房间。而此时周老师正在忙着改作业，就让她自己先看会儿电脑。正当何雨欣认真地在网页上查找各类视频的时候，周老师走了过来，拉张凳子在她的身边坐下。随后，周老师告诉何雨欣他今天已经下载好了不少舞蹈视频，现在可以直接找出来给她参考一下。话还没有说完，他就直接把手放在了何雨欣拿着鼠标的手上，用力按下打开了一个视频。何雨欣本来以为是舞蹈视频，定眼一看播放器，里面跳出了一幕不堪入目的画面，一对赤裸的男女正抱在一起。何雨欣顿时吓呆了！在她愣神的一瞬间，周老师突然凑上去紧紧抱住了她，并在她耳边呢喃着："不要怕，何雨欣。你知道吗？其实我喜欢你很久了。你放心，在这里没人知道的。"说着，双手就开始不停地在她身上摸索，何雨欣大惊，拼命挣扎起来，却被周老师紧紧抱住。她想大叫，又怕别人知道了会嘲笑她，一时间不知道该如何是好。

突然敲门声响起，周老师马上放开了何雨欣，同时嘱咐她不要把事情说出去。打开了房门，原来是隔壁的黄老师有些问题找他商讨。何雨欣就赶紧趁这个机会逃出了周老师的住处，飞一样地跑回了宿舍。

回去后，何雨欣心里越想越怕，最后忍不住躲在床上哭了。平时看起来很好的老师怎么会这样？从小到大一直是乖乖女的她，不知道该怎么办了，脑子一片空白。

接下来的几天，何雨欣一直都是迷迷糊糊的，上课打不起精神，也不敢和别人说起这件事。周老师没有再来找过她，但何雨欣每次看见周老师都感到莫名的恐惧和反感。她的内心一直备受煎熬，感觉学校不再是学习知识的地方，不再是让她认识很多同学、朋友，给她带来很多乐趣的地方，相反现在的学校对她来说就像个地狱，让人不想靠近，想逃离。何雨欣甚至萌生了逃学的念头，成绩也因此一落千丈。

后来，因为察觉到好学生何雨欣时常在课堂上走神，细心的王老师感觉不对劲。在王老师多次耐心的询问下，何雨欣哭着说出了这件事。王老师当即向校长汇报了情况，并带着何雨欣去公安局报了案。经过警方的介入调查，发现了周老师不止一次对学生进行了性侵犯行为，随即逮捕了他。

何雨欣因这次事件受到的心理伤害比较严重，已经对学校产生了恐惧感，家人不得不带她去看心理医生。经过一段时间的心理辅导后，何雨欣的病情才稍微有所好转。考虑到了部分同学心理受到的伤害，学校也邀请了心理学家对同学们进行整体性的心理辅导。为了宣传法律知识，保护好自己，学校也邀请不少法律专家到学校进行讲座，向同学们传授自我保护的法律知识。

　　经过公安局、教育部门、心理康复中心、社区以及家长们的共同努力，此事终于平息下去，还给了孩子们一个宁静的校园。

▶ 案件来源

　　被告人鲍某某利用其教师的特殊身份，从 2009 年 4 月到 2011 年 6 月，两年多的时间里以各种名义，先后将多名女学生带到不同的场所，强迫女学生观看不良图片和视频，乘机猥亵女学生多达十余次，并且多次奸淫其中的 6 名女生，还乘机拍摄被奸淫女生的裸照和视频。

　　最后鲍某某的罪恶行径被人举报。为了减轻处罚，2011 年 9 月 19 日鲍某某到公安机关投案自首，对其猥亵、强奸女生的行为供认不讳。最终，法院以强奸罪、猥亵儿童罪依法判处被告人鲍某某死刑，剥夺政治权利终身。经最高人民法院复核核准，罪犯鲍某某已被依法执行死刑。[1]

▶ 法律警钟

◎ 法条索引

　　1. 《未成年人保护法》第六条第一款、第二款规定：保护未成年人，是国家机关、武装力量、政党、社会团体、企业事业组织、城乡基层群众性自治组织、未成年人的监护人和其他成年公民的共同责任。

　　对侵犯未成年人合法权益的行为，任何组织和个人都有权予以劝阻、制止或者向有关部门提出检举或者控告。

　　2. 《关于依法惩治性侵害未成年人犯罪的意见》第七条规定：各级人民法院、人民检察院、公安机关和司法行政机关应当加强与民政、教育、妇联、共青团等部门及未成年人保护组

―――――――――――――

　　〔1〕　http：//www.chinacourt.org/article/detail/2013/05/id/965830.shtml.

织的联系和协作，共同做好性侵害未成年人犯罪预防和未成年被害人的心理安抚、疏导工作，从有利于未成年人身心健康的角度，对其给予必要的帮助。

◎ **普法课堂**

在学习这一节的时候，小读者们可能会有一个小小的疑惑：这种违法犯罪的事情为什么也要其他单位、组织或部门来处理呢？这不是公安机关的事情吗？

其实，小读者们有所不知，一个犯罪案件的处理过程要分很多阶段，既要抓住罪犯对其进行制裁，与此同时也要对被害人进行救助。而公安机关和其他司法机关仅仅能起到惩罚犯罪的作用，对被害人的救助它们就无能为力了，所以这时候就要发挥其他部门、组织和社会团体的作用：身体受伤害就向医院寻求帮助；心理受创伤就及时做心理辅导；生活有困难可以向民政部门申请救济；等等。这些机构都对全面帮助被害人起到积极的作用，让受害人能够克服困难，尽早走出阴影。

> **｜自护小贴士**

小读者们，如果你们也像何雨欣一样被坏人图谋不轨，甚至是被侵犯了，那该怎么办呢？你是否会和何雨欣一样也是因为不敢开口向别人诉说，只好整天闷闷不乐，甚至是生活在痛苦、恐惧之中呢？

我们首先来对案例中何雨欣的遭遇做一个前后的对比：在事情刚发生时，何雨欣也是因为有羞耻和恐惧的心理而不敢跟别人说，更不敢举报周老师，使得坏人得不到惩罚，而自己也生活在恐惧、痛苦和憎恨当中，最终产生了心理疾病。而当她被动地把事情告诉王老师之后，事情就有了转机，坏人被抓了，自己得到了帮助与治疗，终于不再活在恐怖的阴影之下，其他同学也得到了相应的帮助。

通过对比我们可以知道，遇到性侵犯后，千万不要被犯罪分子的恐吓所吓倒，更不能向犯罪分子妥协，要克服恐惧和羞耻的心理，不管是父母、公安民警、学校老师、政府工作人员等都可以向他们反映情况，及时向外界寻找援助。

当事情发生后，一旦发现自己身体不适时，就要学会和家长沟通，及时就医，早做治疗。

当发现自己还无法接受现实，心里一直感到不安、恐惧、痛苦的时候，要及时跟父母亲或者老师说明，主动要求去看心理医生，寻找心理辅导。

当发现自己受侵害的事被身边其他人知道，害怕隐私被公开，使自己受到非议和歧视时，可以向公安机关或其他社会团体（如学校和居委会）反映，要求他们帮助控制事件的传播，防止个人信息泄露，有必要可以要求学校或教育机构帮助转学。

第三节 热心叔叔的"黑爪"

▶ 案例链接

谭小茹今年7岁，是小学二年级的学生。由于平时父母上班繁忙，没有时间照顾她，从上学开始，谭小茹就过着无人监管的自由生活。平时完成作业后，谭小茹大多数时间都是自己打发。她感觉回家也没有什么好玩的，所以为了和同伴一起玩耍，谭小茹经常是留在回家经过的一个小广场，等到同伴们差不多都回家了，自己才离开。

这天放学后，谭小茹像往常一样在广场玩耍。刚好家对面的刘叔叔经过，看到她一个人在玩耍，刘叔叔就询问了她为何还不回家。了解原因后，刘叔叔便带她去了小卖部，给她买了点零食，然后就让她回家了。刘叔叔临走前还说："小茹，你以后放学了不想回家，可以去我家里玩哦。到时叔叔还买零食给你吃，还可以让你玩电脑，玩手机哦！"谭小茹听到很开心，她心想："以后再也不用担心放学后没有地方去玩了，去刘叔叔家，有玩的，有吃的，这可比回家好多了。"

第二天放学后，谭小茹便跑去刘叔叔家了。一到刘叔叔家，谭小茹就发现还有其他两位同学在，原来她们也是来刘叔叔家里玩的，谭小茹很开心地和她们玩了起来。正玩得正开心的时候，刘叔叔走过来把谭小茹抱在腿上，说要教她玩电脑，手还不停地在她身上乱摸。当即就把谭小茹吓坏了，她想要从刘叔叔身上跳下来。这时候刘叔叔安慰她说："不要怕，叔叔只是教你上网玩游戏，叔叔不会伤害你的。"在旁边玩耍的同学也对谭小茹说："刘叔叔只是教你玩电脑。我们在玩电脑的时候，叔叔也是这样抱着教我们的，他还给我们糖吃呢。"听到同学这么说，谭小茹就不再挣扎了。尽管谭小茹觉得刘叔叔来回摸她令她很不舒服，也不理解叔叔为什么要这么做，但是看到同学们都经历过，应该也没事的吧！玩了一会，离开刘叔叔家的时候，刘叔叔还给每个人都发了一根棒棒糖，同时警告她们，回家不许告诉爸爸妈妈，要不然以后就不给她们玩电脑、不给她们糖吃了。

此后，一到放学，谭小茹就和几个同学一起到刘叔叔家里玩耍。直到有一天，妈妈在家给谭小茹洗衣服的时候，发现女儿的内裤上有异物并掺杂有血迹，心里意识到孩子可能受到侵害了。妈妈当即把谭小茹叫来，仔细问她发生了什么事。开始的时候，谭小茹支支吾吾地并不愿意说出详情。经过妈妈多次耐心的询问，谭小茹这才告诉了妈妈是怎么一回事，并且说像她这样的孩子还有两三个，大家都经常一起结伴去刘叔叔家玩，刘叔叔也是这样对她们的。在懵懂的谭小茹等小伙伴们看来觉得没有什么，刘叔叔有时候还会让她们脱了裤子玩电脑，他就在旁边乱摸，有时候弄疼了她们也不允许她们告诉家人。尽管大家都不明白刘叔叔为什么会有这样的奇怪行为，但是为了可以继续玩电脑，吃零食，大家谁都没有把在刘叔叔家里发生的事情回家告诉爸爸、妈妈。

听到女儿这么一说，谭小茹的妈妈吓坏了，当即到派出所报了警，同时带上孩子去医院检查身体。

接到报案后，公安局领导对未成年人受性侵害的事情高度关注。为了尽快调查清楚，捉获罪犯，领导当天亲自带队，几辆警车浩浩荡荡来到谭小茹家调查。谭小茹长这么大也没有见过这样的阵势，害怕得躲进自己的房间里迟迟不敢出来。一时间，左邻右舍都知道了事情的原委，谭小茹以及其他几个小朋友遭受性侵的事情在当地传得沸沸扬扬。最后，因为忍受不了别人的非议，谭小茹和家人只好举家搬迁到外地。

▶ 案件来源

2013 年 5 月 8 日，市房管局职工冯小某和万宁市第二小学校长陈某某分别带多名不满 14 周岁的小学生到酒店开房过夜。几天后，此事经媒体报道后，引起了社会广泛关注。经调查取证，5 月 24 日，万宁市人民检察院以冯小某和陈某某涉嫌强奸罪向市人民法院提起公诉。

2013 年 6 月 20 日，海南省第一中级人民法院对两名被告人进行不公开开庭审理，并依法当庭公开宣判。法院以强奸罪判处被告人陈某某有期徒刑 13 年 6 个月，剥夺政治权利 3 年；判处被告人冯小某有期徒刑 11 年 6 个月，剥夺政治权利 1 年。

该案与其他案件的不同之处在于，它经过媒体大量的报道后为众人所熟知，由于记者多次采访报道，加之部分不良媒体的添油加醋，受害者的隐私也被大量的公开，给当事人的身心造成了二次伤害[1]。

---

〔1〕 http://www.sxdaily.com.cn/n/2013/0514/c266-5131476.html.

›| 法律警钟

◎ 法条索引

1.《行政复议法》第二条规定：公民、法人或者其他组织认为具体行政行为侵犯其合法权益，向行政机关提出行政复议申请，行政机关受理行政复议申请、作出行政复议决定，适用本法。

2.《行政诉讼法》第二条第一款规定：公民、法人或者其他组织认为行政机关和行政机关工作人员的具体行政行为侵犯其合法权益，有权依照本法向人民法院提起诉讼。

3.《关于依法惩治性侵害未成年人犯罪的意见》第五条规定：办理性侵害未成年人犯罪案件，对于涉及未成年被害人、未成年犯罪嫌疑人和未成年被告人的身份信息及可能推断出其身份信息的资料和涉及性侵害的细节等内容，审判人员、检察人员、侦查人员、律师及其他诉讼参与人应当予以保密。

对外公开的诉讼文书，不得披露未成年被害人的身份信息及可能推断出其身份信息的其他资料，对性侵害的事实注意以适当的方式叙述。

第十三条规定：办案人员到未成年被害人及其亲属、未成年证人所在学校、单位、居住地调查取证的，应当避免驾驶警车、穿着制服或者采取其他可能暴露被害人身份、影响被害人名誉、隐私的方式。

◎ 普法课堂

小读者们，如果办案人员在办案过程中泄露了我们未成年人的身份信息，从而影响到我们的名誉与隐私时，我们可以采取行政救济的办法来维护自己的合法权利。可能大家对"行政救济"这个东西还很陌生，那么让我们一起来学习行政救济的内容吧！

　　行政救济是指当我们认为行政机关具体的行政行为直接危害了我们的合法权益，我们可以请求享有复议权的国家机关依照法律的规定，对不当或是违法的行政行为进行及时的改正，如果有必要还要追究行政人员的法律责任，以此来保护公民、法人及其他组织的合法权益。

　　行政救济的手段主要有三种，即行政复议、行政诉讼、行政赔偿，我们可以根据各自的情况选择使用其中的某种手段。一般情况下可以提起行政复议，如果把行政机关当作一个人，他做错了事，我们可以跟他的父母反映情况，要求他父母教训他，让他改正，这就是行政复议。如果他还不改正，或者你认为他的父母偏袒他，你不服，这时候可以向法院起诉，让法院作出公正裁决，这就是行政诉讼。如果他的做法给我们造成了损害，我们可以要求他赔偿，这就是行政赔偿。

▶ | 自护小贴士

　　看到上面的案例结尾处有警察叔叔开着警车浩浩荡荡去谭小茹家调查，却没有看到坏人被捉，读者小朋友们一定很郁闷。其实不用担心，"法网恢恢，疏而不漏"，坏人肯定是被捉住了。但是警察叔叔的高调到来也让谭小茹被侵犯的事情传得家喻户晓，给谭小茹一家带了极大的困扰。从这个角度上说，警察叔叔的做法是不对的，他们不应该穿警服、开警车，而是应该表现得像普通人一样，悄悄地来调查，这样外人就不会知道谭小茹被侵害的事，也就不存在后来周围人的非议给谭小茹带来更为严重的二次伤害了。

　　那么，当本该帮助我们的行政机关却因他们的做法侵害了我们的权益，或者是不赞同他们的做法时，我们该怎么办呢？这就需要我们这里学习的"行政救济"知识了。我们可以向他们指出问题，要求他们改正，也可以拒绝配合他们。如果他们拒不改正，我们可以提醒父母，让他们提出行政复议或者行政诉讼来确认他们的行为违法，让相应的复议机关或法院责令他们改正错误。如果他们的做法对我们造成了侵害或者损失，就像案例里因警察错误的做法给谭小茹一家带了巨大的困扰，使得他们不得不搬迁，这时候也可以采取行政复议和行政诉讼的方式来认定他们的行为是违法的，从而要求他们赔偿经济损失。

第四节　孝女的愁云惨雾

▶ 案例链接

司徒羽霏自小就是个苦命的孩子，4岁丧父，母亲两年前就开始卧病在床，刚满17岁的她不得不辍学打工。小小的肩膀挑起了家庭的重担，司徒羽霏一边照顾母亲一边挣钱养家，还要供妹妹上学，如此坚持了两年让她疲惫不堪。

夜晚，被生活压力所累的司徒羽霏辗转反侧，无法入睡，这时正好有一个在酒吧工作的朋友邀约她出来喝酒。虽然天色已经很晚了，司徒羽霏还是去应约了，她也想一边和朋友喝着酒，一边诉说一下。

刚喝了一会儿，就见一群陌生的男人走过来在她们旁边的桌子坐下。朋友看到这群男子有5人，都是一身名牌，一看就是非富即贵。

朋友兴奋地连忙示意司徒羽霏，羽霏顺着朋友的示意回头看到了坐在旁边的那桌男人。她不太明白朋友为什么会让自己看这些男人，她疑惑地问道："怎么了？为什么看他们？"

"哟呵，你不是说缺钱吗？这不，送钱的来了。"朋友笑着说。

"他们会帮我？你是在开玩笑吧？"司徒羽霏感觉朋友很异想天开。

"呵呵，现在不会，待会儿就不一定了。"朋友神秘一笑，然后把她推到那桌男人那里，"你先去套近乎，快去。"

和朋友推搡着，司徒羽霏被朋友推得撞到了其中的一个男人，她连忙回身对那男生直说了句"对不起"就赶快逃开了。

朋友看司徒羽霏一点儿都不开窍，就往吧台走去，然后鬼鬼祟祟地拿了一杯酒回来，趁司徒羽霏不注意，偷偷将她的酒杯换成了自己刚拿的那杯。

司徒羽霏不知朋友暗中的把戏，拿过酒就喝起来。不一会儿，她就昏迷了过去。

"快！"刚才被司徒羽霏撞到的那个男人和朋友抬起了司徒羽霏，急匆匆地向吧台附近的宾馆走去。

"李少，她今晚就是你的了，别忘了我的好处。"司徒羽霏的朋友挑着眉头对男生说。

"放心吧，只要她还是原装的，你的好处少不了。"男生和那群朋友开心地笑道。

关上宾馆的房门后，被称为李少的男人立即扑向了躺在床上已经昏迷的司徒羽霏。等他在司徒羽霏身上发泄完了之后，他的朋友又一个接一个地扑向昏迷不醒的司徒羽霏。

第二天，司徒羽霏醒来之后发现自己赤裸着身子躺在床上，身边围着五个陌生的男子，他们正一脸得意地看着自己，就是昨晚坐在旁边的那群人。司徒羽霏这才意识到自己被这五个男人轮奸了，知晓真相的她发了疯一样抓起衣服往身上套，然后就冲出门外。

司徒羽霏在愤怒中第一时间报了警，毫无意外的，包括李少在内的五人和出卖自己的那位朋友不久之后就被警察逮捕了，等待他们的将是法律的严惩。

本想忘记这段不幸的遭遇，一心工作，照顾好妈妈和妹妹，可过不了几天司徒羽霏就觉得自己食欲不振、精神恍惚，上班没精神，尤其是下体疼痛难当，连走路都费劲。到医院检查才知道，食欲不振、精神恍惚是因为迷药的副作用，问题不算太大，可下体却因为连续遭受五人轮奸已经出现糜烂等妇科严重疾病，需要做手术并静养调理半年才能好。这个检查结果对司徒羽霏可谓是晴天霹雳，她是家里唯一的经济来源，如果自己病倒了，高额的手术费与调理医疗费从何而来？家里的母亲又有谁来照顾？自己不上班，妹妹又该怎么办？司徒羽霏一时陷入了绝望的境地。

▶ 案件来源

2013 年 2 月 19 日，海淀分局接到一女事主报警称，2013 年 2 月 17 日晚，其在海淀区一酒吧内与李某等人喝酒后，被带至一宾馆内轮奸。接警后，分局立即开展工作，于 2013 年 2 月 20 日将涉案人员李某等 5 人控制起来，该 5 人因涉嫌强奸罪被刑事拘留。

2013 年 9 月 26 日上午，北京市海淀区法院针对此案进行了一审。法庭经过审查，一审认定李某强奸罪名成立，依法判处被告人李某有期徒刑 10 年。被告人对一审裁判不服提起上诉。北京市第一中级人民法院于 2013 年 11 月 27 日上午对该上诉案公开宣判，维持原判。[1]

▶ 法律警钟

◎ 法条索引

1. 《未成年人保护法》第五十一条规定：未成年人的合法权益受到侵害，依法向人民法院提起诉讼的，人民法院应当依法及时审理，并适应未成年人生理、心理特点和健康成长的需

---

[1] http://ent.qq.com/a/20130926/000363.htm.

要，保障未成年人的合法权益。

在司法活动中对需要法律援助或者司法救助的未成年人，法律援助机构或者人民法院应当给予帮助，依法为其提供法律援助或者司法救助。

2.《关于依法惩治性侵害未成年人犯罪的意见》第三十一条规定：对于未成年人因被性侵害而造成的人身损害，为进行康复治疗所支付的医疗费、护理费、交通费、误工费等合理费用，未成年被害人及其法定代理人、近亲属提出赔偿请求的，人民法院依法予以支持。

第三十四条规定：对未成年被害人因性侵害犯罪而造成人身损害，不能及时获得有效赔偿，生活困难的，各级人民法院、人民检察院、公安机关可会同有关部门，优先考虑予以司法救助。

◎ **普法课堂**

小读者们，你们知道司法救济是什么吗？一般来说，提到司法，大家第一时间想到的就会是警察，以为报警就是司法救济，其实这是错误的想法。那么到底什么才是真正的司法救济呢？

司法救济，指的是当我们被宪法和法律赋予的基本权利遭受到不法侵害的时候，人民法院应当对这种侵害行为做出有效的补救，对受害人给予必要和适当的补偿，以最大限度地给予他们生活上的救济，帮助他们走出困境、保护他们的正当权益，从而确保司法公平公正，维护社会和谐。

现在我们要把司法救济的含义中的几个关键点和我们学习的内容对应起来。其中"被性侵"就是含义中的"宪法和法律赋予人们的基本权利遭受侵害"；含义中的"补救"和"补偿"方式就是我们所说的"申请法律援助""申请司法救助""要求犯罪分子赔偿"。

▶ 自护小贴士

小读者们，通过前面的学习，相信你们的分析能力已经得到了极大的提高，现在就让我们一起来分析一下案例中司徒羽霏的做法正确与否。一方面，司徒羽霏深夜到未成年人不宜去的酒吧买醉的做法显然是错误的，因为她前往的时间和地点都是很危险的。但从另一方面来说，司徒羽霏在受侵害之后及时报警，发现身体不适及时到医院就诊，这些做法都是正确的。不得不说司徒羽霏是个非常坚强的女孩，在受到侵害后她还想忍住悲痛，为了母亲和妹妹努力工作，她的坚强很值得我们学习。

但接下来更为糟糕、更加不幸的是，自己受伤，母亲病了，妹妹还在上学，本来依靠她一个人支撑的家庭该怎么走下去？如果读者朋友们遇到类似的事情又该怎么办呢？

此时不要惊慌，前面说的社会救济就是一个途径，我们可以向政府民政部门申请救济，可以向社会其他团体，如居委会、慈善机构等申请援助。

当然最根本的办法就是司法救济。这里的司法救济有三种：第一是申请法律援助，第二是直接向法院申请资金援助，第三通过刑事附带民事诉讼的方式要罪犯赔偿。首先，如果你家里存在经济困难的情况，可以向法院申请法律援助，找法律援助律师免费帮你出点子、解决问题，包括向法院申请资金援助，律师也可以帮忙完成，这样就可以解决燃眉之急。接着可以在律师的帮助下对侵害者提出刑事附带民事诉讼，可以在这一环节让侵害者对你的医疗费、护理费、误工费、交通费等费用作出赔偿。如果这三种司法救济方式都能得到有效落实，相信可以为你解决不少经济上的困难。

◎ 电影推荐

本章向大家推荐一部美国的经典喜剧电影——《小鬼当家》。

　　本片讲述的是一位大家庭中最年幼的成员凯文在圣诞之夜被飞往巴黎度假的家人遗忘在家，过上独居小孩的生活。更复杂的是，凯文家不幸成为了一对窃贼的目标，为了抵挡这两个匪徒入室行窃，小鬼头凯文使出浑身解数，不惜把家里弄得翻天覆地，两名笨贼也被这个小鬼玩得团团转，进而引发很多刺激可笑的场面。

　　电影中不仅搞笑连连，小主人公凯文的机智和勇敢也是我们学习的榜样。我们也应像凯文一样，在面对犯罪分子时不能自乱阵脚，而是要镇定自若，勇敢面对，机智化解危险。

青秀区检察院设立便于妇女儿童信访投诉的固定和移动电话

后 记

平安成长比成功更重要。

——《英国儿童十大宣言》

世间最能触动人类内心柔软之处的词汇是什么呢？众人也许有不同的答案。但我们相信"孩子"一定是其中出现频率颇高的词语。在大多数人心中，孩子是上天赐给我们的可爱天使，他们应该生活在北岛笔下"雪花和花瓣，早春和微风"的童话城堡里，可残酷的现实世界里却暗藏着一群觊觎柔弱孩童的恶魔，这群恶魔偷偷将魔爪伸向我们的孩子，使他们本来布满阳光的天空蒙上一层阴霾。

继"海南万宁校长开房""留守女童被同村老人性侵"等事件见诸各大报端之后，人们才开始逐渐关注"儿童性侵"这一话题。其实被媒体曝光的事件仅是冰山一角而已，2015年3月发布的《2014年儿童防性侵教育及性侵儿童案件统计报告》显示，2014年"性侵儿童"恶性案件平均每天曝光1.38起。更令我们深思的是，统计表明仅有两成孩子知道何为"性教育"，3—12岁孩子的自我保护和防性侵的教育基本是一片空白。

基于我国中小学教学体系中性教育往往被忽略，甚至被有意回避，科学正确地普及性知识性教育已经迫在眉睫。唯有如此，才能呵护我们脆弱无辜的花朵免受淫魔的骚扰与侵害，本书也是因此应运而生的。

本书由广西南宁市青秀区检察院王运华检察长和暨南大学张鸿巍教授研拟，共同研讨确定。全书以儿童性侵预防为原点，以社会现实案例为横轴，以相关法律常识为纵轴，涵盖了性知识、性侵行为及表现、性侵的危害、家庭性侵、校园性侵、援助交际、心理抚慰、同性性侵、性侵的罪与罚、性侵的救济十个维度的内容，力图以形象生动的案例深入浅出地对性侵预防进行讲解，使中小学生提升性侵预防和自我保护的能力。系统学习完本书后，相信中小学生能够学会如何避免和防止性侵害，掌握遭受性侵时的自我保护技能，并能够在不幸发生后采取有效的救济措施。与此同时，也欢迎家长、教师和社会爱心人士将本书作为性侵预防教育的参考书使用。

参与本书初稿编写的为广西大学硕士研究生：第一章（江勇）、第二章（张丽君）、第三章（吴东颖）、第四章（胡金蒙）、第五章（闫晓玥）、第六章（陈中熙）、第七章（汪燕）、第八章（陈也如）、第九章（谢岳峰）、第十章（黄元仟）。全书由江勇统稿，其后由澳门大学犯罪学博士研究生姚学宁全文校对，字斟句酌。最后，由张鸿巍教授修订，王运华检察长最终定稿。这本书亦凝结了青秀区人民检察院办公室黄晓洁及未成年人检察诸多同仁的心血，感谢大家为这本书顺利出版所作出的贡献。

我们衷心希望这本书能够引导那些渴望保护自己，但是并不清楚如何自护的孩子们，同时也希望能够帮助那些期望孩子平安成长，但不知如何进行性教育的家长和老师们。面对性侵，从"我"到"我们"，从懵懂到知晓，相信不久的未来，我们的孩子会回到泰戈尔描绘的那个纯净的孩子世界："我愿我能在我孩子的自己的世界的中心，占一角清净地。我知道有星星同他说话，天空也在他面前垂下，用它傻傻的云朵和彩虹来娱悦他。"

编者　谨致
2016 年 2 月